"青少年互联网素养"丛书

互联网素养
21世纪生存必备

HULIANWANG SUYANG:
21 SHIJI SHENGCUN BIBEI

主　编　王仕勇　张成琳
副主编　余　欢　马宪刚

西南师范大学出版社
国家一级出版社　全国百佳图书出版单位

图书在版编目（CIP）数据

互联网素养：21世纪生存必备/王仕勇，张成琳主编．－－重庆：西南师范大学出版社，2019.11
（"青少年互联网素养"丛书）
ISBN 978-7-5621-9432-3

Ⅰ.①互… Ⅱ.①王… ②张… Ⅲ.①互联网络—信息素养—青少年读物 Ⅳ.① G254.9749

中国版本图书馆 CIP 数据核字 (2019) 第 199839 号

"青少年互联网素养"丛书
策　划：雷　刚　郑持军
总主编：王仕勇　高雪梅

互联网素养：21世纪生存必备
HULIANWANG SUYANG: 21 SHIJI SHENGCUN BIBEI

主　编：王仕勇　张成琳　　副主编：余　欢　马宪刚

责任编辑：雷　刚
责任校对：郑先俐
装帧设计：张　晗
排　　版：重庆允在商务信息咨询有限公司
出版发行：西南师范大学出版社
　　　　　地址：重庆市北碚区天生路2号
　　　　　邮编：400715
　　　　　市场营销部电话：023-68868624
印　　刷：重庆紫石东南印务有限公司
幅面尺寸：170mm×240mm
印　　张：13
字　　数：190千字
版　　次：2020年3月　第1版
印　　次：2020年3月　第1次印刷
书　　号：ISBN 978-7-5621-9432-3

定　　价：30.00元

"青少年互联网素养"丛书编委会

策　划：雷　刚　　郑持军
总主编：王仕勇　　高雪梅

编　委（按拼音排序）

　　　　曹贵康　曹雨佳　陈贡芳
　　　　段　怡　阿海燕　高雪梅
　　　　赖俊芳　雷　刚　李萌萌
　　　　刘官青　刘　娴　吕厚超
　　　　马铃玉　马宪刚　孟育耀
　　　　王仕勇　魏　静　严梦瑶
　　　　余　欢　曾　珠　张成琳
　　　　郑持军

总 序

互联网素养：数字公民的成长必经路

雷 刚

2016 年，在第三届世界互联网大会开幕式上，互联网传奇人物马云发表了一场演讲。他说，"未来 30 年，属于用好互联网技术的国家、公司和年轻人"。

在日新月异、风云激荡的新科技革命时代，互联网早就深刻地改变了，并将继续改变着整个地球村。国家、公司和年轻人，都在纷纷抢占着互联网高地。日益激烈的互联网竞争，不仅是计算机科学家之间的竞争，是互联网前沿技术的竞争，更是由互联网知识、互联网经验、互联网思想、互联网态度、互联网精神等构成的互联网素养的竞争。

梁启超在一百多年前曾发出时代的强音："少年智则国智，少年富则国富，少年强则国强……少年雄于地球则国雄于地球。"今日之中国少年，恰逢互联网盛世，在互联网的"怀抱"下成长，汲取着互联网的乳汁，其学习、生活乃至将来从事工作，必定与互联网难分难解。然而，兼容开放的互联网是泥沙俱下的，在它提供便捷、制造惊喜的同时，社会的种种负性价值也不断迁移和渗透其间，如何"取其精华，弃其糟粕"，切实增进青少年的信息素养，迫在眉睫，刻不容缓。

毫无疑问，互联网素养是 21 世纪公民生存的必备素养。正确理解互联网及互联网文化的本质，加速形成自觉、健康、积极向上、良性循环的互联网意识，在生活、交友和成长过程中迅速掌握日益丰富的互联网

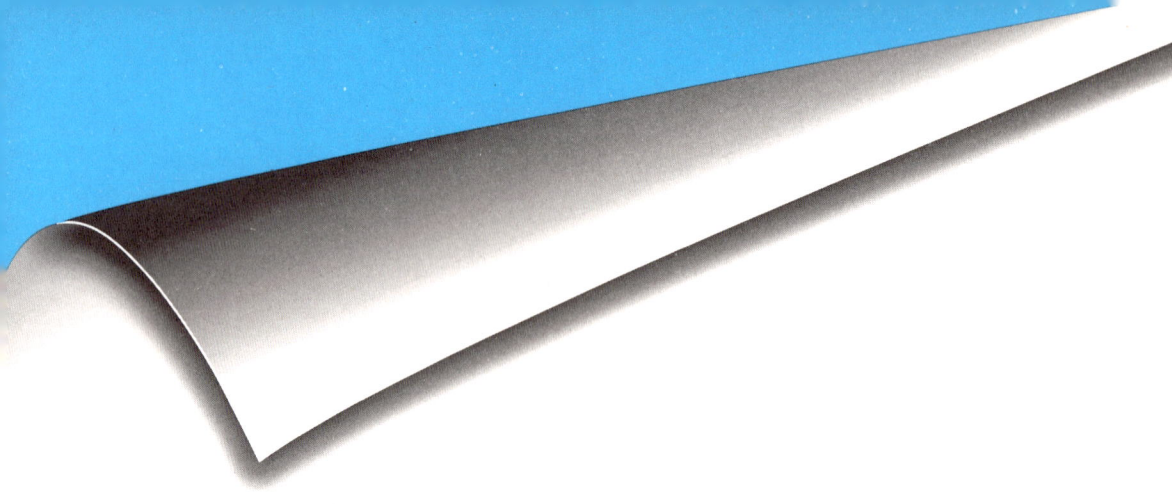

技能，自觉吸纳现代信息科技知识，助益个人成长，规避不良影响，培育全面的互联网素养，成为合格的数字公民，是时代对青少年的召唤。

党和政府一直高度重视信息产业技术革命，高度重视青少年信息素养培育工作，高度重视为青少年营造良好的互联网成长环境，不仅大力普及互联网技术，积极推动互联网与各行各业融合发展，而且将信息素养提升到了青少年核心素养的高度，制定了《全国青少年网络文明公约》等法律规章，对青少年的互联网素养培育提出了殷切的希望。

摆在读者朋友们面前的这套丛书，正是一套响应时代、国家和社会的呼唤，紧密围绕"互联网素养"与"青少年成长"两大主题而精心策划、科学编写的，成系列、有趣味的科普型青少年读物，涵盖了简史、安全、文明、心理、创新创业、学习、交际、传播、亚文化等多方面话题。丛书自策划时起便受到了著名心理学家黄希庭先生，深圳大学心理学院李红教授，西南大学文学院肖伟胜教授等人的关注。在选题论证、组织编写、项目推进的过程中，重庆工商大学的王仕勇教授，西南大学的高雪梅教授、吕厚超教授、曹贵康副教授，都投入了大量精力。尤其是王教授和高教授两位总主编，在拟定提纲、撰写样章、审读书稿、反复校改中，可谓是不惮繁难、精益求精。丛书还得到了重庆市出版专项资金资助项目、重庆市科委科普资助项目的大力支持。在此，谨向关心和支持丛书出版的专家学者、作者和文化机构表示诚挚的谢忱。

互联网发展迅猛，迭代频繁，有其自身的规律，人们也在不断地认识它，丛书中的很多知识、观点或许很快就会过时，但良好的互联网态度、互联网意识、互联网精神则不会过时。愿广大青少年能早日成为合格的数字公民，为建设网络强国、实现民族腾飞梦添砖加瓦，在互联网时代一往无前，劈波斩浪！读者朋友们，开卷有益，让我们互相砥砺吧！

写给青少年的一封信

亲爱的青少年朋友:

你好!

很高兴你打开这扇网络知识的"大门",与我们一起共赴这趟网络素养的"修炼旅程"。我们都知道,21世纪是一个互联网改变世界的时代,而我们的生活中也充满着各式各样的互联网产品:手机、电脑、iPad……互联网给我们带来的也不仅仅是便利,一些良莠不齐的网络信息、不合理的上网习惯等,都将给我们的生活带来困扰。做一个"智慧的"小网民是我们面对互联网挑战必不可少的一项技能。

那么什么是网络素养呢?会上网、会打字、会利用网络搜索资料……这些是否就代表我们已经具备了网络素养了呢?其实这种认识是非常浅层次的。网络素养的内涵十分广泛,主要是指我们运用电脑及网络资源的能力来定位、组织、理解、评估和分析信息的一种能力。对于这种专业解释,或许仍有部分同学感到疑惑,但实际上,我们可以将网络素养视作一项技能,因为对网络素养的培养也需要经历不同的阶段。

目前,我们或许还是网络素养"小白":对网络有一定的接触,比如会上网看电影、听音乐、和朋友聊天等,但对网络的使用仍处于摸索阶段,

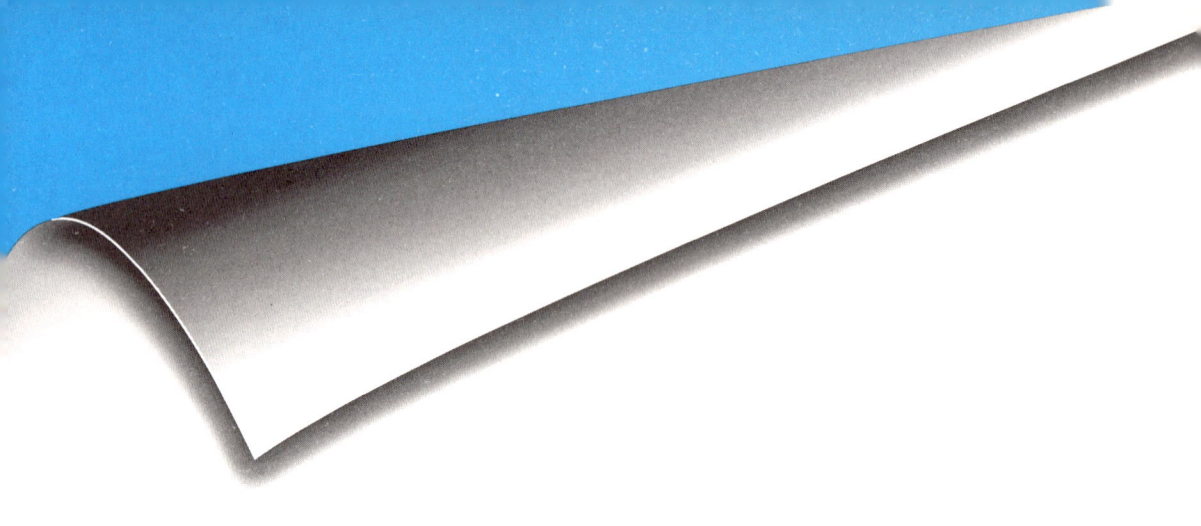

对网络信息的接受比较被动,也不能识别纷繁复杂的网络信息,容易在网络海洋中迷失自己。

也有人成长为网络素养"学徒":能较好地使用网络,并能够在网络中主动获取自己需要的信息,能基本区别不同类型的媒体提供信息的特征,对网络信息有基本的判断能力,但对网络素养缺乏基本认识,容易被复杂的网络信息所迷惑。

或者,还有一些人已经成长为网络素养"小达人":能够熟练使用网络,熟悉各类媒介,能够在复杂的信息中筛选出自己需要的信息,能够有效识别不实消息,具备质疑信息、评估信息的能力,对网络素养的含义和内容有一定的认知。

但无论我们处于哪一阶段,我们都不能忽视提升网络素养的重要性。因为在网络时代中,网络素养就是我们的保护伞,保护我们不受有害信息侵染,也保护我们的独立思考能力、创新能力不被破坏,下面就让我们一起跟着本书正式开启网络素养的"修炼旅程"吧!

目 录

第一章　互联网是一把双刃剑　　001

第一节　互联网给我们带来了什么　　002

第二节　互联网别让我哭泣　　008

第三节　互联网素养知多少　　015

第二章　网络技术达人的"武功秘籍"　　023

第一节　文件管理术：电脑也要收纳箱　　024

第二节　误删重要资料后如何补救　　030

第三节　打字高手修炼记，我会盲打我骄傲　　035

第四节　快捷键，让操作更方便　　043

第三章　网络小工具，让生活更省力　　049

第一节　云网盘：我的虚拟"储物柜"　　050

第二节　电子笔记：让记录随心所欲　　057

第三节　图片编辑器：跟我学简易 PS　　063

第四节　电脑管家：让电脑不拖后腿　　072

第四章　学做网络智慧小达人　　081

第一节　一起聊聊搜索引擎　　082

第二节	玩转智能手机的必备攻略	091
第三节	在线课程：我的网络小老师	099
第四节	学会网购，足不出户就能买	106

第五章　互联网时代，我给隐私上把锁　　113

第一节	上网不留痕，我会网络隐身术	114
第二节	复杂密码让安全升级	129
第三节	给U盘穿件"保护外套"	134
第四节	捍卫隐私，网络社交要"聪明"	140

第六章　远离网络垃圾，保卫网络健康　　147

第一节	别轻信，谣言识别我在行	148
第二节	别偷看，这里有网络色情	154
第三节	别上当，一起揭开网络骗局	161
第四节	别跟风，低俗炒作快走开	168

第七章　拒绝奴役，做互联网小主人　　175

第一节	别让网络分散你的注意力	176
第二节	网络游戏，是消遣不是生活	183
第三节	躲避网络赌博的"劫持"	190

后　记　　196

第一章

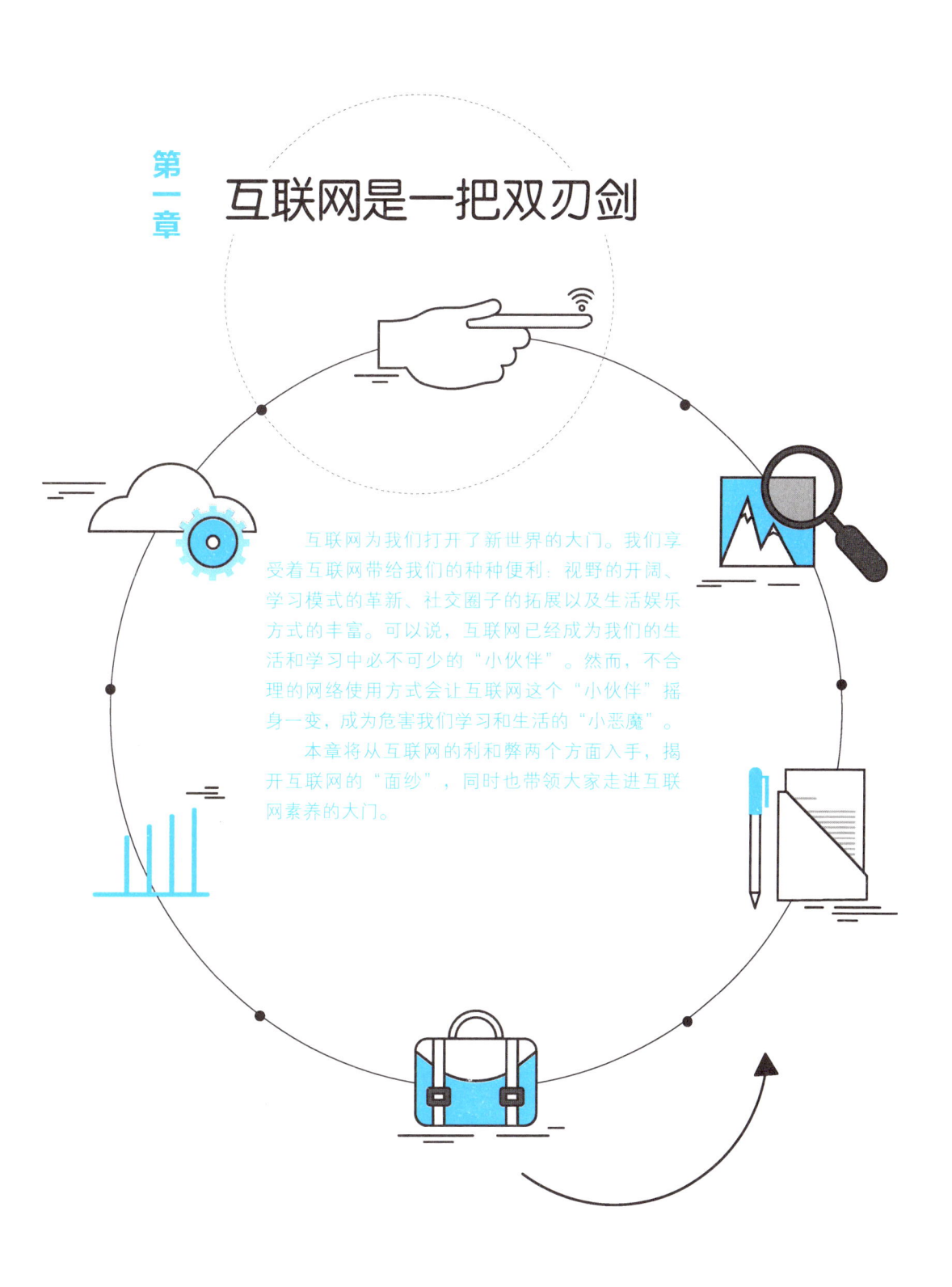

互联网是一把双刃剑

互联网为我们打开了新世界的大门。我们享受着互联网带给我们的种种便利：视野的开阔、学习模式的革新、社交圈子的拓展以及生活娱乐方式的丰富。可以说，互联网已经成为我们的生活和学习中必不可少的"小伙伴"。然而，不合理的网络使用方式会让互联网这个"小伙伴"摇身一变，成为危害我们学习和生活的"小恶魔"。

本章将从互联网的利和弊两个方面入手，揭开互联网的"面纱"，同时也带领大家走进互联网素养的大门。

第一节　互联网给我们带来了什么

网络小故事

小凯近来得了个外号，叫"智多星"。每当老师和同学谈到一个新的话题，小凯总能谈上几句，对于一些大家都不曾听说过的事情，小凯仿佛也有所了解。

这让同桌小艺非常羡慕，与小凯的"见多识广"相比，她常常自卑于自己的视野狭窄。"没办法呀，我爸妈这么忙，根本没时间带我出去旅游，见见世面。"她常常这样安慰自己。她以为，小凯成为同学们眼中的"智多星"与他父母经常带他外出密不可分。

这天，数学老师布置了一项特殊的任务，要求大家回家搜集一些国内外数学家的资料，并在课堂上分享。这让小艺犯了愁："国内的我倒了解一些，但国外的我上哪里找去呢？图书馆太大了，短时间内也找不到。问爸妈吧，他们自己读的书也少呢！"思索再三，小艺忍不住向小凯求助，而正是这次求助揭开了小凯是如何成长为"智多星"的谜底。

原来小凯的父母工作也忙，不仅

没时间带他出去"看看",连给他辅导作业的时间都很少,为了让他拓宽自己的知识面,小凯的父母给他配置了一台电脑。有了电脑后的小凯仿佛拥有了知识的万花筒,一遇到课本上不懂的知识就上网搜索或求助,还会利用闲暇时间浏览一些国内外的热点新闻,在贴吧和论坛上同全国各地的网友聊天,这样他不仅拓宽了视野,还收获了朋友。

小凯说道:"互联网让我的生活更加丰富多彩,它把我和世界的各个角落连接起来,让我觉得我和这个世界并不遥远。"小凯的一番话让小艺的内心明亮起来。

互联网的诞生无疑给我们观望世界提供了非常便捷的一条通道,足不出户感受世界不再是空谈。如果你还不具备互联网思维,那你就落伍了,一起来看看无所不能的互联网为什么这么受人欢迎,它到底给我们的学习和生活带来了什么吧!

网络解码器

不知不觉中,网络已经延伸到我们生活的方方面面。网络时代已经到来。网络已经成为人与人沟通的桥梁和了解外面世界的途径,"互联网改变生活"不再是一句口号。

首先,网络可以开阔我们的视野,拓宽我们获得知识的途径。

1. 资料收集很便利。以前我们的学习仅限于手头拥有的书本资料,在完成紧急作业时资料搜集难度比较大。就像故事中的小艺,她虽然懂得利用图书馆查找资料,但要在很短的时间内快速搜集到自己需要的信息仍然存在较大的困难。互联网的出现很好地解决了这一问题。我们只要输入关键词,就能在短时间内获得大量的资料。

2. 学习和信息资源丰富。网络还给我们提供了各类名师资源和信息通道,我们可以在网络上学习全球各地的名师课程,也可以通过各种门户网站了解国内外大事,在知识的海洋中畅游。

3. 学习化被动为主动。通过互联网进行学习可以充分发挥我们的主体作用，我们不再是被老师推着向前走的被动者，面对不懂的问题我们可以大胆发问，和不同的人进行交流，直到弄懂为止。

4. 思维方式的培养。在使用互联网的过程中，我们可以培养开放意识、效率意识、竞争意识、平等意识和全球一体化意识，能够通过阅读大量信息培养现代发散性思维方式，转变我们看问题的角度，提高我们解决问题的能力。

其次，网络深刻地改变了我们的交往方式，拓宽了我们的社交圈。

过去，我们与人交流主要通过面对面、写信或者打电话来实现，社交圈子相对封闭，与一些身处异地的亲朋好友的关系也因慢慢地疏于联系而淡化，要想结交全国各地的朋友更是难以实现。而互联网则能拓宽我们的关系网络。QQ、微信等即时通信软件让我们随时随地保持联系成为可能，QQ空间、朋友圈还能让我们尽情展示自己的生活情况，同时了解朋友们的现状。微博、贴吧、论坛等让我们与全国乃至世界各地的朋友们联系更加紧密，结交五湖四海的朋友不再是武侠小说中独有的江湖传奇。

另外，在生活娱乐方面，网络让我们的休闲和消遣活动变得多样化，同时也让我们的生活更加便捷和省力。

1. 娱乐活动更丰富。在网络时代，我们可以通过QQ、微信、微博等与全国各地的朋友畅聊，可以在网上搜寻自己喜欢的歌曲和电影来放松自己，也可以浏览最新的新闻，了解世界各地的动态，还可以刷刷微博参与到热点事件的讨论中。

2. 生活方式更便捷。以购物为例，过去我们购买产品需要到店里进行挑选，但自从网络购物出现后，我们还可以随时在家或在其他任何地方进行购物，完全不受时间和地点的限制。网络上的商品种类齐全，只要用鼠标点点，就可以浏览自己需要的任何商品，想买什么就有什么，并且从网上购物可以省去很多中间环节，从而节约费用，而商品购买完成后，我们一般也不需要自己去取货，在家坐等着收货就可以。

在网络的"改造"下，我们的学习和生活发生了翻天覆地的变化，网络给我们带来的好处不胜枚举，需要我们在日常生活中不断地去感受和发现。

网络金点子

阿里巴巴的创始人马云说过，互联网不仅仅是一种技术，不仅仅是一种产业，更是一种思想、一种价值观。互联网将是创造明天的外在动力。创造明天最重要的是改变思想。网络为我们带来了无限生机和动力，展示出一方美好的乐园，而我们要想让这片乐园开花结果，就要具备互联网思维。那么，互联网思维究竟包含哪些内容呢？

一是开放的思维。互联网是开放的，互联网思维更是如此。若固步自封，永远难有新的发展。我们要学会突破传统的思维定式和狭隘的眼界，多视角、全方位看待问题。对于新生事物，我们不能一味加以否定，而是要以一种开放的心态去看待它、评估它。要知道，生活不是一成不变的，尤其是在瞬息万变的互联网时代，如果我们局限于自己的圈子，坚持用老思维看问题，用老方法解决问题，只会被这个时代所抛弃。只有具备了开放性思维，我们才能在互联网世界中不断地有所发现、有所发明、有所创造、有所前进。

二是创新的思维。创新是互联网的天性，创新思维是一种主动地、独创地发现新问题，提出新问题，解决新问题的创造性思维过程，它包括质疑思维、假设推断思维、探究思维、想象（联想）思维、发散思维等等。互联网给我们的生活带来了丰富多彩的信息，我们在吸收这些信息时，不能像倒垃圾一样全部混在一起，而是要学会理解信息的本质，

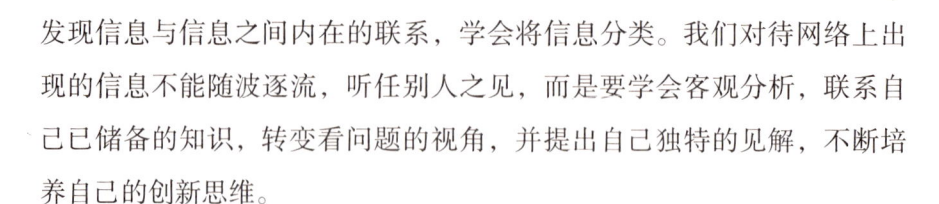

发现信息与信息之间内在的联系，学会将信息分类。我们对待网络上出现的信息不能随波逐流，听任别人之见，而是要学会客观分析，联系自己已储备的知识，转变看问题的视角，并提出自己独特的见解，不断培养自己的创新思维。

三是包容的思维。在没有互联网之前，我们接触的事物往往比较单一。而互联网时代的到来让我们听到了更多不同的声音，我们渐渐发现，原来对于同一事物大家的看法竟会有如此大的差异，对某一话题的讨论更是五花八门，"网络争论"也变得无处不在。渐渐地，我们开始否定别人的看法，而我们自己的意见也不断遭到他人的否定。然而，正是互联网的包罗万象才体现出在网络时代培养包容性思维的重要性。教育背景、生活背景等方面的不同决定了人们看待问题的方式不同，当我们被不同的声音包围时，首先要做的不是愤怒和反驳，而是尊重。要尊重他人的意见，给他人发声的机会，因为在互联网世界中，每个人都是平等的，既然我们不愿意被别人改变，也不能偏激地去改变别人。

四是分享的思维。在互联网世界中，世界开始变平，越来越多的人通过互联网便捷地获取到丰富的信息和知识，并走向成功。然而，我们在"获得"的同时也不能忘记"分享"。故事中的小凯面对同桌小艺的求助并没有隐瞒搪塞，而是大方地分享了自己的"智多星"秘籍，因为他自己就是互联网分享思维的受益者。正是由于网络上无数的分享者贡献出的智慧和信息才成就了无数的网络成功者。正如诺贝尔文学奖获得者萧伯纳所说的："你有一个苹果，我有一个苹果，我们彼此交换，每人还是一个苹果；你有一种思想，我有一种思想，我们彼此交换，每人可拥有两种思想。"互联网正是这样一个思想交换和分享的平台。我们不仅要向网络索取，也要学会利用网络分享，分享我们的心得体会、生活经验，共享我们的学习资料、学习方法。

互联网思维无所不在，它包含在我们每一次的搜索中，也包含在我们每一次对网络信息的浏览中，还包含在我们与网友的交流互动中……培养互联网思维，是我们主动适应新时代的当务之急。

大咖语录

1. 淘汰你的不是互联网,而是你不接受互联网,是你不把互联网当成工具跟你的行业结合起来。最终淘汰你的还是你的同行,他们接受了互联网,把互联网跟自己做的事情结合起来,淘汰了你。

——万科集团创始人　王石

2. 如果错过互联网,与你擦肩而过的不仅仅是机会,而是整整一个时代。

——8848 网站创始人、中国电子商务之父　王峻涛

3. 信息产业革命是人类有史以来最大的一次革命,也是人类几百年才有的一次机遇。

——美国前总统　比尔·克林顿

第二节　互联网别让我哭泣

网络小故事

小路成绩优秀，在班内总是名列前茅，但他性格内向，不爱与人交往，生怕自己嘴笨说错话，惹他人不开心。这次期末考试，他考了第一名，父母购置了一台电脑作为奖励，为了方便他使用，还特地将电脑安装在了他的卧室中。

最开始，小路仅仅用电脑搜寻一些学习资料，闲暇时看看电影，听听歌。渐渐地，他开始发现，电脑给了他一件隐形的外衣，营造了一方属于他自己的小天地。

小路学会了在网络上寻找与自己志同道合的人，他觉得在网络世界中与人交流是一件十分轻松而愉悦的事，没有人在乎你的性别、

年龄、学历和外貌,你可以在互联网中随意畅谈,与他人争执也可以毫不留情。"毕竟他不知道我是谁,我也不知道他是谁,我们又不会在现实中遇上。"小路得意地想。

虚拟世界中的惬意让小路沉迷,他上网变得更加频繁,以前回到家做完作业才去上网,现在回到家的第一件事就是打开电脑,或与网友聊天,或在自己经常逛的贴吧和论坛上发帖,或装扮自己的网络空间,或打打游戏……在网络中,他好像总能找到事做,并乐此不疲。他还经常偷偷玩电脑到深夜。

无节制地上网大大耗损了小路的精力,他总是沉浸在网络世界带来的快乐中,不愿意与同学交流,学习成绩也一落千丈,整个人变得寡言少语,看黑板也开始视力模糊。而只要一接触到电脑,他就一改平时的萎靡神态,亢奋地在网络世界中遨游。在他心里,既然网上有一大堆好朋友,他又何必再耗费时间与周围的人交流呢?他甚至觉得,网络才是自己真正应该生存的世界。

小路的父母渐渐察觉到了孩子的不对劲,并很快揪出了"罪魁祸首"——电脑。他们无比痛心,不知道为什么出于好意买的电脑没有促进孩子的学习,反而让孩子染上了"网瘾"。

过度迷恋上网是一种"瘾",这种"瘾"给我们带来的危害比我们想象中的还要大。互联网带给了我们种种便利和快乐,但我们是否了解它的不利影响呢?我们又该如何降低互联网的危害呢?

网络解码器

网络的出现指引了未来世界信息化的发展方向,全方位地冲击着我们的生活,它的诞生无疑是 20 世纪末的一场革命。但其实,我们所认为的无所不能的网络却是一把双刃剑,使用得当,它便是帮助我们学习、交流和娱乐的好朋友;而一旦使用不合理,它便又化身成了我们的"敌人",肆意破坏我们的学习和生活,还有可能损害我们的身心健康。那么,网络究竟可能会带来哪些危害呢?

> **网络成瘾**
>
> 英文简称 IAD（Internet Addiction Disorder），是 1994 年纽约市的精神医师 Goldberg 首先提出的。它是指由对于网络的重复使用所导致的一种慢性或周期性的着迷状态，并带来难以抗拒的再度使用之欲望；同时还会产生想要增加使用时间的张力与耐受性、克制、退瘾等现象，对于上网所带来的快感会一直有心理与生理上的依赖。

一是造成意志力的消磨和自控力的下降。过度使用网络会导致我们对网络的依赖感加强，如沉溺于网络游戏的刺激、网络交友的随性和不健康内容的刺激等等，严重者还有可能像故事中的小路一样，染上"网络成瘾症"，迷失在网络世界中无法自拔，意志力和自控能力丧失，上网毫无节制，从而对学习失去兴趣，最终荒废学业。

二是造成"负面网络性格"的形成。孤独、紧张、恐惧、冷漠和非社会化是负面网络性格的标签。长期生活在网络虚拟世界中，以计算机为中介进行交流，会逐渐使我们脱离社会现实，产生异化。不少网络成瘾者在网上侃侃而谈，但在现实生活中却连基本的交流都很困难，久而久之就会生成一种孤独感，而且在面对正常的社会活动时容易紧张和恐惧，逐渐与社会脱轨。

三是造成身体素质的下降。作为青少年的我们正处在生长发育的关键时期，电脑的辐射和长期坐在电脑前的高度紧张会损害我们的身体机能，导致身体素质，比如视力的下降。像小路一样长时间上网，甚至熬夜上网，不仅会导致没有足够的精力应对学习，还终日神态萎靡，长此以往还会导致身体抵抗力严重下降。

四是造成人际关系紧张。小路有了网络的陪伴后，只喜欢在虚拟世界中以虚拟的身份与人对话，不愿意和同学交流，对周围人变得冷漠。很多人认为，在网络世界中，人们可以在虚假身份的掩盖下大胆表达，无所顾忌、想说就说，但其实这种网络人际关系的真实性并不高，人与人之间经常充斥着不信任感，从而导致人际关系紧张。特别是对于我们当中的一些性格内向者而言，网络虽然提供了展示自我的平台，但也让网下生活变得更加内向和封闭。

五是造成价值观念的偏离。处在人生观和价值观形成期的我们，对新事物、新观点充满了好奇，但与此同时，我们的自制力又十分薄弱，容易被一些新奇的、有趣的不良信息所诱惑。互联网正是这样一个充满迷惑性的"信息收集器"，它一方面给我们提供了丰富的、有益的信息，而另一方面又源源不断地生产着暴力、色情、欺诈等方面的垃圾信息，极易使得我们的人生观和价值观发生偏离。

六是淡化道德观，甚至诱使人走上犯罪道路。网络具有虚拟性、隐匿性的特征，在网络世界中，我们的人际关系和一举一动都变得随心所欲，容易助长以自我为中心的习惯，道德观念也随之淡化，有些人甚至怀着"网络中无须担责，免遭惩罚"的错误想法在网络世界中无法无天，最终走上犯罪道路。

七是网络安全隐患和网络犯罪现象易引发安全焦虑。由于生理和心理发育均不成熟，我们中的一些人缺乏自我保护意识，在面对网络隐私泄露、网络恐吓、网络欺诈等现象时，往往会手足无措、焦虑不安，而网络交流的随意性和隐匿性还会让一些同学落入不法分子的圈套中，成为网络犯罪的受害者。

生活在网络时代的我们将与网络一起成长，网络世界是一个与现实世界有着很大不同的世界，它是开放的，有大量进步、健康和有益的信息，也存在着很多不良内容，需要我们在成长的过程中不断去甄别和判断。

网络金点子

既然我们已经了解了互联网潜藏的种种危害，那么是否就意味着我们在学习和生活中要对网络敬而远之呢？其实，只要培养了正确的上网习惯，我们就能够牢牢握住互联网这把利剑，扬长避短。下面就让我们一起来学习上网的一些注意事项吧！

一、制订上网计划，合理控制上网时间。我们可以结合自己的学习和生活作息规律，对上网的时间和内容进行合理安排，制订属于自己的一套上网计划。当前，我们的主要任务是学习，因此上网的时间不宜过长，且在作业完成后才可以上网，上网的内容也应当有合理的规划。如做完作业后上网可以适当放松和休息，我们可以在网上听听音乐，看看小视频，和朋友聊聊天，但连续上网半个小时左右就应该关掉电脑。吃过晚饭后如果要上网，可以安排与学习有关的内容，如练习英语听力和口语、搜索相关学习资料等。另外，我们应尽量避免睡前上网，因为这会导致我们的大脑处于一种兴奋状态，影响睡眠。

二、端正上网姿势。操作电脑时，我们的身体长时间处于一种固定姿势，操作的高速和单一化会加剧强迫体位，容易损伤肌肉和骨骼系统，严重的话甚至影响我们的身体发育，如造成脊椎变形等。我们在上网时应尽量保持正确舒适的坐姿，最好使用可以调节高低的椅子，使胸部与电脑屏幕的中心位置位于同一水平线上。电脑桌下应留有足够的空间，便于我们伸放双脚。还应尽量避免上网时跷二郎腿、交叉双脚，因为这会影响我们脚部的血液循环。

三、注意保护眼睛。电脑显示器对人的眼睛有直接伤害。电脑屏幕亮度高，画面不时跳动，长时间目不转睛地盯着电脑屏幕会让我们的眼睛感到过度疲劳。不少同学过早近视就是因为长时间目不转睛地盯着电

脑屏幕，造成眼睛过度疲劳。因此，我们要避免长时间连续操作电脑，在操作电脑时眼睛与屏幕的距离应尽量保持在40～50厘米，使双眼平视或略微向下注视显示屏，这样可使颈部肌肉得到放松。连续使用电脑半个小时后，我们要暂时休息，眺望远方，或者洗一把脸，缓解眼睛疲劳，还可以到室外走走。另外，我们还可以将电脑屏幕设置成护眼模式，降低电脑屏幕因亮度过高对眼部的刺激。

四、自觉抵制不良网站，警惕网络污染。网络具有开放性、隐匿性和虚拟性等特征，富含进步、健康和有益的信息，也充斥着很多不良的垃圾信息，会对我们的道德观和人生价值观造成污染。要踏上真正的"绿色网络通道"，我们就要自觉向不良网站说"不"。不良网站总是打着一些诱惑人的旗号，吸引我们点击，其不良内容会影响我们的身心健康，而且一些网站链接中存在的病毒还可能会造成我们财产的损失。因此，我们在使用网络时，可以先安装一些安全软件，帮助我们屏蔽不良网站，而对于一些顽固的不良网站，我们也要坚决做到不好奇、不打开、不浏览。

五、积极与外界互动，不沉溺于虚拟时空。部分青少年在现实中遭遇学习、生活和人际交往的挫折时，便期望在网络中寻得一方"避难所"。对于他们而言，沉溺于互联网中的虚拟世界舒适可靠，远比面对现实中的问题更轻松自在。前文案例中的小路因为害怕在现实生活中与人交往，便寄托于网络，逐渐被虚拟世界所奴役。我们应该知道，网络世界再怎么五彩缤纷也不能替代现实世界，作为社会化的人，我们的一言一行都与现实密不可分，网络是我们观望世界的窗口，但它始终替代不了真实世界的大门，因此，我们应该对网络世界保持理性认知，将现实放在生活的第一位，积极与外界沟通交流，遇到问题及时解决，消除心理障碍。

作为青少年，我们的主要任务是学习，网络应该成为辅助我们成功的工具，而不是摧毁我们的毒药，我们要做的是抵制网络的危害，合理控制上网时间，而不是被网络控制。

大伽语录

1. 人的成功，一半在于接受了诱惑，一半在于拒绝了诱惑。

——奥地利画家　席勒

2. 一个有道德的人是一个心里感到诱惑就对诱惑进行反抗，而不会屈从于它的人。

——奥地利精神分析学派创始人　弗洛伊德

3. 经得起各种诱惑和烦恼的考验，才算达到了最完美的心灵健康。

——英国哲学家　培根

第三节　互联网素养知多少

> **网络小故事**

小欢是班里出名的网络小达人。他的网络经验十分丰富，在很早之前父母就为他配置了专属电脑，并教会了他基本的上网技巧。在同学们还在键盘上找"ABC"的具体位置时，他已经能十指如飞地用键盘敲出准确的文字；在同学们刚学会利用网络看电影、听音乐、浏览新闻时，他已经能在网络上下载影音资源和学习材料；在同学们刚会使用QQ进行在线交流时，他已经在新浪微博、贴吧、论坛等平台留下了身影；在同学们学习基本的Word操作技巧时，他已经能熟练运用PPT了。班里的同学遇到网络方面的问题，小欢总是游刃有余地解决。可这名"网络小达人"最近也遇到了比较头疼的"网络问题"。

原来，前几天小欢转发了一名"大V"发的关于"英语将退出高考舞台"的微博，有网友在小欢的微博中留言质疑他传播谣言。小欢不服，当下就和这名网友言辞激烈地争吵起来，几番网络骂战后，网友留下一句"有空多提升下自己的网络素养吧，别既传谣又做网络喷子"便不再搭理他了。小欢大怒，

感觉自己网络小达人的身份受到了侮辱，追到网友的微博连骂了好几句，还准备改天叫上班里的同学集体"群攻"该网友的微博。

这几天冷静下来后，小欢也由之前的愤怒转为了疑惑："网络素养到底是什么？难道不是指上网的技巧吗？"

如今我们对网络已不再陌生，很多同学也能轻松自如地利用网络来社交、学习和娱乐等，但对于"互联网素养"的概念却仍同小欢一样感到困惑，掌握了熟练的上网技巧是否就代表着我们具备互联网素养了呢？倘若答案并非如此，那我们又如何培养互联网素养呢？

网络解码器

出生于互联网时代，上网已成为我们必不可缺的一项技能。我们学习打字、网上社交、娱乐和学习，似乎每个人都在上网，每个人也都会上网。那是否会上网就足够了呢？上网技巧仅仅是帮助我们打开互联网大门的一把钥匙，它属于互联网素养的组成部分，并不能帮助我们在复杂难辨的网络世界中保持理性，只有全面培养互联网素养才能保护我们不在网络中迷失自我。

网络素养包括知识和技能两个方面，是我们在了解网络知识的基础上，理性地使用网络信息为个人发展服务的一种综合能力，也就是说，我们不仅要学会有效使用各种网络技能，还要学会正确判断和利用网络上的信息。具体而言，它包括以下这几个方面。

一、对网络媒介的认知

当前，网络媒介已经成为我们接收信息的主要渠道之一，但不同媒介之间具有明显的差异，所传达的信息也有所出入，对网络媒介的特征进行了解是我们甄别信息是否真实可靠的重要一步。一般来说，主流媒体的门户网站、官方微博和微信公众号、客户端等传播的信息权威性更强，更加值得信赖，而一些自媒体平台所传播的信息的真实性就大打折扣。

部分自媒体为了吸引眼球，追求轰动效应，传播一些假消息或粗俗低级的信息，一些所谓的"大V"亦是如此。如上述案例中的小欢转发"大V"的消息就是错把"大V"的消息视为真实权威的消息了。

二、对网络信息的批判意识

网络的高速与便捷给我们带来了前所未有的丰富信息，而这些信息并非都是健康有益的，也并非都是我们所需要的。我们在网络上通常会遇到这样一种现象，一个观点提出来后，大家进行附和，我们便觉得这个观点是合理的，便随之附和，而在有理有据的反对观点提出来后，我们又容易摇摆不定，甚至倒戈。这种被网上言论和信息"牵着鼻子走"的现象，正是我们缺乏对网络信息的批判所造成的。此外，对网络信息保持批判的警惕意识还可以帮助我们识别谣言，如果故事中的小欢能够对"大V"所传播的信息有批判意识，他看到信息后及时去查清来源，便会发现这只是一条假消息，也不会进行传播了。

三、对网络接触行为的自我管理

网络的匿名性和便捷性让我们可以自由遨游，看我们所看，做我们所做，畅快无比。但一旦自由过了头，网络带给我们的负面影响也会接踵而来。部分青少年不懂得合理控制自己的上网时间，过度沉溺于网络中，染上了"网瘾"；还有一些青少年在使用网络时接触到一些不良网站，养成了不好的上网习惯，不仅影响了日常的生活和学习，还危害到了人生观和价值观。

四、利用网络发展自我的意识

网络是一个广阔的信息平台，也是一个快速便捷的技术工具，合理利用网络发展自我，是我们进阶为网络素养小达人的重要一步。互联网囊括了丰富多彩的信息资源，是我们提升自我学习水平的巨大推力，在网络中，我们可以搜索所需要的学习资源，可以在线同名师交流。我们不仅要有与互联网比肩同行的决心，更要有利用互联网学习、不断进步的意识和信念。

五、网络安全意识

互联网并不完全是"绿色"的，网络诈骗、网上隐私泄露等，不仅会造成我们的财产损失，还有可能危害我们的心灵健康。培养良好的网络安全意识可以让我们在上网时披上一件"保护外套"，有效躲避这些网络"毒瘤"的攻击。

六、网络道德素养

网络空间是一个虚拟的世界，现实生活中的道德规范往往会失效，比如在现实中的我们不会去肆意辱骂他人，而在网络面具的遮掩下，我们便无所顾忌地向别人发泄情绪。故事中的小欢在受到网友质疑后愤怒情绪一点即燃，并试图将谩骂进行到底。然而，这种网络道德的失范，会严重干扰网络的正常秩序，也会威胁到现实生活的稳定。树立正确的网络道德观念，自觉地运用网络道德的要求规范自己的网络道德行为是我们共同维护网络和谐环境的必不可缺的组成部分。

网络金点子

互联网是一个自由平等的平台，它不会因为人的经济、地位、长相、肤色、身材的不同而偏袒一个人，每一个人都可以通过互联网寻找相同的信息资源。随着互联网带给我们的方便越来越多，我们也越来越依赖互联网。作为一名青少年，我们同样希望能够具备有效利用互联网的能力，通过互联网自主解决问题，即拥有一定的网络素养。

现实生活中，我们身边的很多人仅仅是把互联网当成一种娱乐、消遣、交流的工具，他们有的会抱怨网络广告让人窒息，搜索引擎让人变笨，社交网站出卖隐私。在他们眼里，网络素养就是网上不说脏话、不传谣信谣之类的素质而已。实际上，这部分人往往就是没有真正具备有效利用互联网的能力的人。当我们真正具备网络素养后，我们将不会淹没在虚假信息、广告、垃圾信息当中。因此，如何培养网络素养成了一门必修课。

接下来，向大家分享五点内容，帮助大家成为网络素养达人。

一、系统了解，学会使用网络工具

成为网络素养人的第一步就是要学会互联网的一些基础使用工具，比如了解搜索引擎功能、搜索技巧、认识免费学习平台等，变网络资源为我所用。网络不但带给我们学习的空间，而且还可以帮助我们通过搜索引擎搜索所需的文字资料、图片和声音。我们应该重点学习几个常用搜索引擎的使用方法，如 Google 搜索、百度搜索等，了解一些网上免费学习的网站，通过上网浏览和查找来获取所需的相关信息。

二、敏锐判断，学会识别垃圾信息

网络素养人除了需要我们了解并掌握网络工具，熟练运用电脑和互联网外，还需要我们学会过滤网络信息，让网络真正成为我们的良师益友，而不是侵蚀灵魂的"电子海洛因"。网络上有大量的信息，其中有不少都是垃圾广告信息，我们需要擦亮眼睛来进行辨别，比如打开一些网页和贴吧后会出来一些推送信息，有关于医院的，有关于旅游的，有关于学习的……这时候我们需要通过这些信息的表述进行判断，这个信息是否真实，像那种包治百病的"吹牛式"的信息必然是假的，我们也可以将多种搜索引擎结合起来，继续搜索下去，深挖几页，就可以反过来印证这些广告是否真实。此外，我们还可以看看这个页面上是否有引导性的意图或内容，如引导我们去另外一个页面进行购买等意图，那这样的信息其实都是"广告"。

三、坚定目标，管控自己的注意力

当我们在面对网络上大量信息的时候，可能会被冗余信息所骚扰，

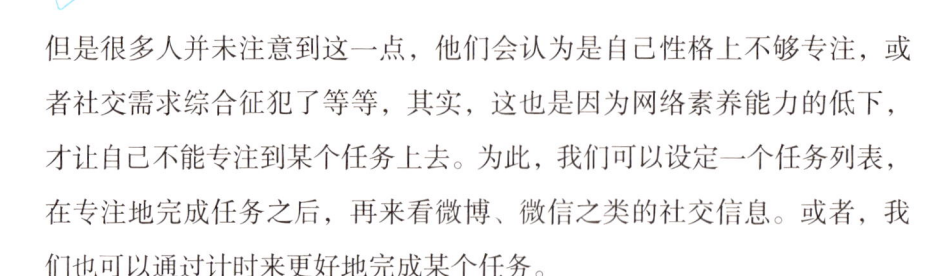

但是很多人并未注意到这一点，他们会认为是自己性格上不够专注，或者社交需求综合征犯了等等，其实，这也是因为网络素养能力的低下，才让自己不能专注到某个任务上去。为此，我们可以设定一个任务列表，在专注地完成任务之后，再来看微博、微信之类的社交信息。或者，我们也可以通过计时来更好地完成某个任务。

四、主动交互，学会参与网络共建

互联网简单来说就是我们每一个人参与里面并产生信息，然后待我们的信息彼此交换之后，就形成了互联网。所以，要想成为一个拥有全面的网络素养的人，一定要在互联网世界中找到自己的位置，同时学会分享和连接更多人。比如，随手点个赞、在别人的博客下面写评论、去知乎回答别人的问题，这些都是不同种类的参与。再更上一层，我们还可以通过协作形成集体智慧，这则是更高层级的素养。

五、三思后行，学会理性"发声"

面对互联网上庞杂的信息，学会不被垃圾信息所骚扰，学会冷静判断各种信息，学会建立自己的价值观，学会形成批判性思维……所有这些都是网络素养的组成部分。最后，我们还应学会理性"发声"，认真审核自己在网络上发布的每一条信息。网络世界不同于真实世界，你在网络社交媒体上发布的信息，可能几年后依然能够找出来。所以，我们在互联网社交媒体上发出的言论和信息都需要仔细思考，别让自己成为垃圾信息制造者。

互联网上有很多新的机遇、选择、资讯，这些都是它的"好"，为了更好地享受这些"好"，我们需要培养自己的能力，也就是"网络素养"。总结来讲，掌握和提升网络素养，就是要避免被网络所操纵，尽可能主动利用互联网。互联网技术的发展日新月异，互联网的普及大势所趋，所以网络素养也理应成为这个时代每个人的基本素养。

大咖语录

1.要善于网上学习，不浏览不良信息；要诚实友好交流，不侮辱欺诈他人；要增强自护意识，不随意约会网友；要维护网络安全，不破坏网络秩序；要有益身心健康，不沉溺虚拟时空。

——《全国青少年网络文明公约》

2.修养的本质如同人的性格，最终还是归结到道德情操这个问题上。

——美国思想家、文学家 爱默生

3.在普遍堕落的人群当中，自由是不可能长久存在的。

——爱尔兰政治家、作家 埃德蒙·伯克

第二章 网络技术达人的"武功秘籍"

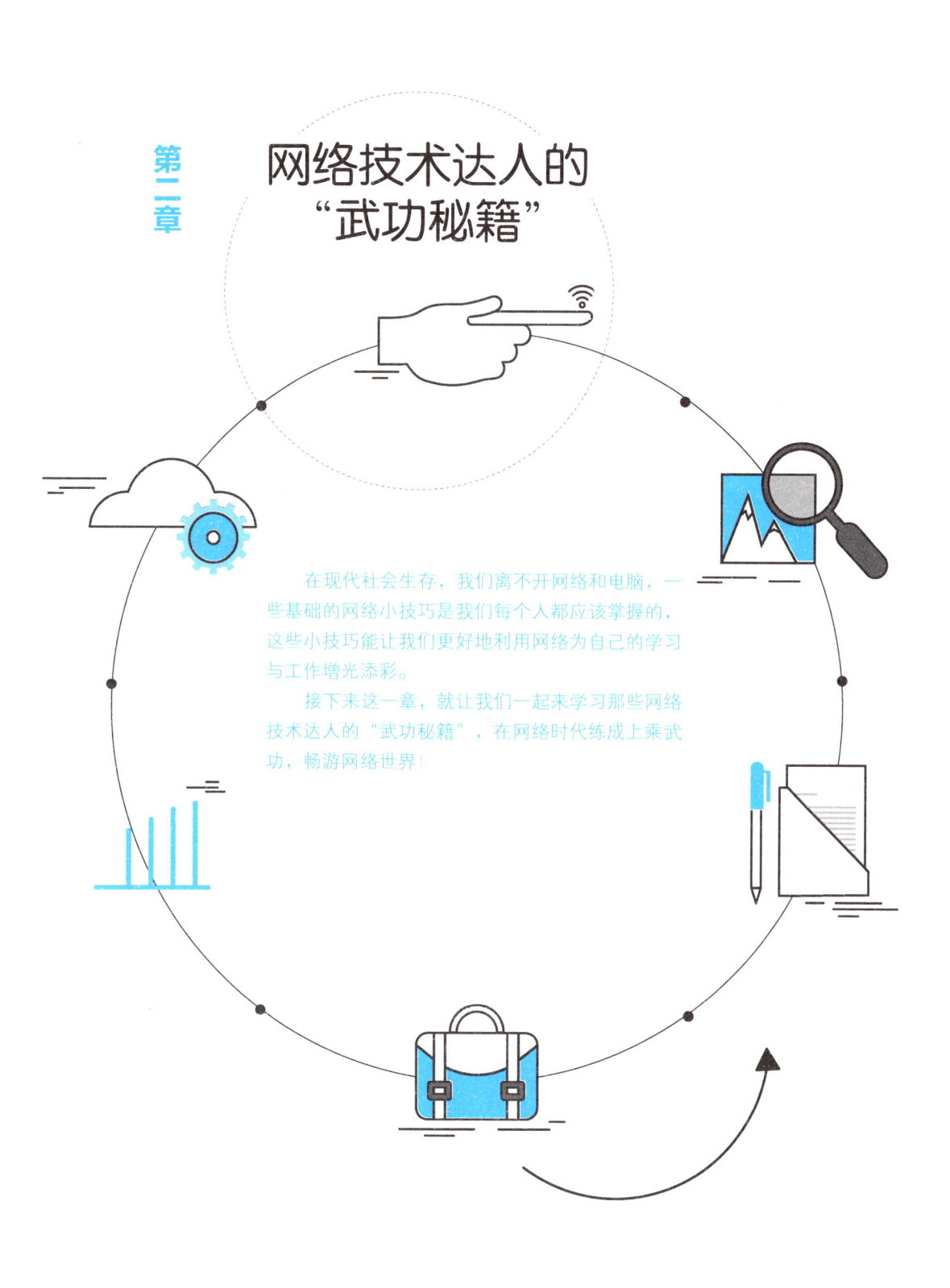

在现代社会生存，我们离不开网络和电脑，一些基础的网络小技巧是我们每个人都应该掌握的，这些小技巧能让我们更好地利用网络为自己的学习与工作增光添彩。

接下来这一章，就让我们一起来学习那些网络技术达人的"武功秘籍"，在网络时代练成上乘武功，畅游网络世界！

第一节　文件管理术：电脑也要收纳箱

网络小故事

小政喜欢写作文和拍照片，每天都会写文章，并且把新拍的照片存到自己的电脑里面。

一天同学小丽到家里来了。小政兴奋地拉着小丽想要给她看自己刚写的作文和前一天拍摄的照片，可是在电脑面前摆弄了半天也没有找到文件。自己刚打好的 Word "不见"了，这让小政急得满头大汗。

"别着急，我帮你找找，你跟我说一下文件名字。"小丽说着打开了电脑文件搜索。可小政并没有给文件取名，他不好意思地表示自己建的文档名字就是 Microsoft Word 文档。

小丽听了，简直哭笑不得，但也只得搜索"Microsoft Word"试试，结果发现了几十个名字相同只是编号不同的文件。没办法，他们只能一个个打开。

小丽疑惑地问："你平时的文件都这么命名的吗？"小政支支吾吾了半天，承认道："我以前没注意，都是直接新建文件。""那你的照片又放到哪里了呢？"小丽继续追问。于是，小政又开始了一番辛苦搜索，但折腾了老半天，仍然没找到前一天拍摄的照片。

小丽看了看小政的电脑桌面，上面已经占满了文件，她笑着打趣小政："你看，房间你能收拾得井井有条，为什么电脑文件却管理得如此混乱呢？"

文件也需要管理？难道电脑也像房间一样需要收拾规整吗？不认真及时管理文件又会出现哪些问题呢？文件管理术的秘诀又在哪里呢？小政陷入了苦恼之中。

网络解码器

相信大多数同学都能在平时的生活中定期整理、打扫自己的房间，然而很多同学电脑里面的文件却杂乱无序，要找以前的文件时发现无从下手。很多人像小政一样，为图方便总是直接新建各类文件，却不会给文件命名，长此以往造成电脑里面的文件名字非常相似而无法分辨。还有一个不好的习惯就是文件"堆放"混乱，不能很好地应用文件夹。其实回想一下，刚开始我们使用电脑的时候，电脑里面的文件都是一目了然、十分清爽的。但是随着我们每天的使用，会不断建立新的文件。如果我们不对文件进行管理和归类，寻找需要的文件将成为一大负担。我们在平时的使用过程中就要养成重要文件及时备份的习惯。科学合理地命名文件、对文件进行分类归档、对重要文件及时备份对于我们来说是非常重要的。只有养成这样的习惯，我们在使用电脑、使用互联网的时候才能感受到真正的便利。

要想科学地管理文件，下面的文件管理术就十分重要了，一起学习一下如何整理自己的电脑空间吧。

网络金点子

文件管理的真谛在于方便保存和迅速提取，所有的文件将通过文件夹分类被很好地组织起来，放在你最方便找到的地方。解决这个问题目前最理想的方法就是分类管理，从硬盘分区开始到每一个文件夹的建立，我们都要按照自己的工作和生活需要，分为大大小小、多个层级的文件夹，建立合理的文件保存架构。此外，所有的文件、文件夹，都要规范地命名，并放入最合适的文件夹中。这样，当我们需要什么文件时，就知道到哪里去寻找。这种方法，对于相当数量的人来说并不是一件轻松的事，因为他们习惯了随手存放文件和"辛辛苦苦"地查找文件。下面，我们将制订一套分类管理的原则，敦促大家养成好的文件管理习惯。

第一招：创建目录

有很多理由让我们好好地利用"我的文档"，它能方便地在桌面上、开始菜单、资源管理器、保存/打开窗口中找到，有利于我们方便而快捷地打开、保存文件。我们可以利用"我的文档"中已有的目录，也可以创建自己的目录，将经常需要访问的文件存储在这里。至于"我的文档"存储在C盘，在重装系统时可能会被误删除的问题，可以在非系统盘中建立一个目录，然后右击桌面上的"我的文档"，选择"属性"。在弹出的"我的文档 属性"窗口中，单击目标文件夹下的"移动"按钮，然后在新的窗口中指定我们刚创建的文件夹。重装系统后再次执行以上操作，再重新指向此文件夹即可，既安全又便捷。如果你使用的是Windows 2000/XP，则移动"我的文档"文件夹时，其下的所有文件会自动移过去。

第二招：建立文件夹结构

文件夹是文件管理系统的骨架，对文件管理来说至关重要。建立适合自己的文件夹结构，需要首先对自己接触到的各种信息、工作和生活内容进行归纳分析。每个人的工作和生活有所不同，接收的信息也会有很大差异，因此分析自己的信息类别是建立结构的前提。同类的文件名字可用相同字母前缀的文件来命名，同类的文件最好存储在同一目录下，如图片目录用 image，多媒体目录用 media，文档用 doc，等等，简洁易懂，一目了然，而且方便用一个软件打开。这样，当我们想要找一个文件时，能立刻想到它可能保存的地方。

第三招：管理文件数目和文件夹层级

文件夹里的数目不应当过多，一个文件夹里面有 50 个以内的文件数是比较容易浏览和检索的。如果超过 100 个文件，浏览和打开的速度就会变慢且不方便查看。这种情况下，就得考虑删除一些文件，或将此文件夹分为几个文件夹或建立一些子文件夹。另一方面，如果有文件夹的文件数目长期只有少得可怜的几个文件，也建议将此文件夹合并到其他文件夹中。分类的细化必然会带来结构层级的增多，级数越多，检索和浏览的效率就会越低，因此建议整个结构最好控制在三级之内。另外，层级最好与自己经常处理的信息相结合。越常用的类别，层级就越高。文件夹的数目、文件夹里文件的数目以及文件夹的层级，往往不能两全，我们只能找一个最佳的结合点。

第四招：学会为文件取名

为文件和文件夹取一个好名字至关重要，但什么是好名字，却没有固定的含义，以最短的词句描述此文件夹的类别和作用能让你自己不需要打开就能记起文件的大概内容，就是好的名称。要为电脑中所有的文件和文件夹使用统一的命名

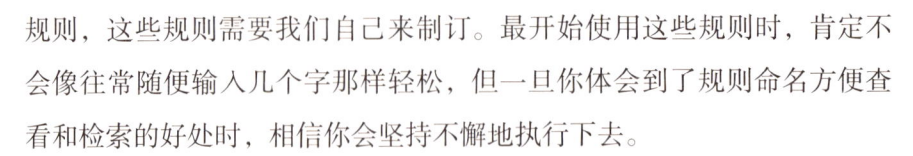

规则，这些规则需要我们自己来制订。最开始使用这些规则时，肯定不会像往常随便输入几个字那样轻松，但一旦你体会到了规则命名方便查看和检索的好处时，相信你会坚持不懈地执行下去。

另外，从排序的角度上来说，我们为常用的文件夹或文件起名时，可以加一些特殊的标示符，让它们排在前面。比如当某一个文件夹或文件相比于同一级别的其他文件夹或文件来说，访问次数要多得多时，在此名字前加上一个"1"或"★"，这可以使这些文件和文件夹排列在同目录下所有文件的最前面，而相对次要但也经常访问的，就可以加上"2"或"★★"，以此类推。此外，文件名要力求简短，虽然 Windows 已经支持长文件名了，但长文件名也会给我们的识别、浏览带来混乱。

第五招：学会备份和删除

如果一年前的文件还和你现在正要处理的文件摆在一起，如果几个月前的邮件还和新邮件放在一块，那你将会很难一眼找到你想要的东西。及时地处理过期的文件，备份该备份的，删除不需要的，是一个良好的习惯。上学期的资料本学期使用的频率会非常低，所以应当专门将其存放到另一个级别较低的文件夹中，甚至于刻录成光盘。而本学期的一些文档，因为要经常访问，最好放置在"我的文档"中以方便时时访问。对于学生来说，一个学期就是一个周期，过一个周期，建议相应地处理一个周期的文件夹。为了数据安全，及时备份更是必需的。及时备份文件并删除不需要再使用的文件，会让你的文件库一目了然。

第六招：巧借快捷方式

如果我们经常要快速地访问某个文件或文件夹，可以右击选择"创建快捷方式"，再将生成的快捷方式放置到你经常停留的地方。当然，当文件和文件夹不再需要经常访问时，你需要及时地将快捷方式删除，以免快捷方式占据了太多空间或牵扯了你的注意力。

建立完善的结构、规范化地命名、周期性地归档，这些就是我们要做的。这些并不复杂的操作却能大大提高我们的学习效率，节省我们有限的时间。如果你从现在就开始，那请首先拿出一张纸，明了你的信息类别，明确准备创建的文件夹个数与位置，为重要的文件夹制订文件命名规则及归档规则。然后，按此规则将电脑中已经存在的大量信息进行移动、更名、删除等操作，而且要在以后的操作中克服自己的陋习。也许开头会很难，也许规则会很烦琐，但相信过了不多久，你就会习惯于看到井井有条的文件与文件夹，并享受高效管理带来的快乐了。

大伽语录

1. 人要成就一件大事，就得从小事做起。

——列宁

2. 习惯不加以抑制，不久它就会变成你生活上的必需品了。

——天主教思想家　奥古斯丁

3. 习闲成懒，习懒成病。

——中国古代教育家　颜之推

第二节　误删重要资料后如何补救

网络小故事

小宇这天正在对自己的文件夹进行整理，一边整理一边懊悔，因为以前自己对文件命名不注意，存放也不注意，导致自己现在完全分不清楚。鼠标点来点去，一不小心点击了右键把大量文件给删除了。

小宇着急得差点哭出来了，赶忙打电话询问同学小敏该怎么办。小敏听完小宇的倾诉，告诉他刚刚删除的文件是可以在回收站里面找回来的，只要进入回收站选择还原文件就可以了。小宇按照小敏的办法很快就恢复了文件。

整理完电脑文件，小宇开始对U盘里面的文件进行整理，这一次他又不小心删除了文件，然而当他再去回收站寻找的时候却发现里面并没有。他再次打电话询问小敏。小敏无奈地告诉他，U盘和移动硬盘里面的文件删除之后是没办法通过回收站还原的。小宇听完之后懊悔不已。如果世上真的有后悔药，他绝对要马上吃一颗，阻止自己乱删文件的愚蠢行为，可事已至此，也无后悔药可吃，这可怎么办呢？

误删重要资料没办法从回收站找回时该

怎么办呢？计算机这么"聪明"，难道就没有一颗后悔药可以吃吗？不要着急，其实一些被误删的文件是可以靠一些方法找回来的，一起来学学吧！

网络解码器

计算机在当今的生活和学习中扮演着越来越重要的角色，我们日常的一些重要文件和资料都喜欢存放在电脑的存储盘里面。但是电脑的存储空间毕竟是虚拟空间，一旦电脑出现故障便可能导致存储的文件不复存在。所以我们在使用电脑的时候一定要认识到电脑存储潜在的风险。尤其是出现误删重要资料这种情况，相信让大多数人都后悔莫及。小宇在小敏的建议下开始整理自己电脑存储盘里面杂乱无章的文件，但是因为之前的文件管理过于混乱导致了误删文件。而且U盘、移动硬盘等存储设备中的文件在删掉之后是没办法通过回收站找回的。此外，很多时候我们都会定期清空回收站，所以通过回收站找回误删文件并不是一个很好的解决办法。为了能够避免我们在工作或者生活中因为电脑故障而造成资料丢失，我们每个人都应该养成定期备份电脑资料的好习惯。在这里简单介绍下我们常用的几种备份工具：

1.U盘。U盘是我们最常用的备份工具，它具有方便携带、价格低廉的优点。但是由于U盘的容量有限，所以仅有U盘是远远不能满足我们资料备份的需要的。

2.移动硬盘。顾名思义，移动硬盘就是可以移动的硬盘，它的容量要比普通的U盘大很多，不过有一个缺点就是使用时间过长、资料过多的话，硬盘本身容易出现坏道，一旦硬盘出现坏道，就会影响资料的读取。

> **文件备份**
>
> 文件备份是指为防止系统出现操作失误或系统故障导致文件丢失，而将全部或部分文件集合从应用主机的硬盘或阵列复制到其他存储介质的过程。

3. 网络上的云盘。目前市面上常见的网络云盘，有 360 云盘和百度云盘等。云盘的主要优点是，不占用本地硬盘内存，资料传输速度快，容易查找，只要有网络随时都可以进行资料传输和资料下载，一切都可以通过网络进行，不再需要有形的介质。

不管你采用的是哪种备份工具和哪种备份方式，在日常的工作和生活中最重要的就是要养成随时备份的习惯。只有做好了备份，当我们遇到电脑故障的时候，才不至于手忙脚乱。

那么，在误删除电脑上的文件后，你是重新做一份资料，还是想办法恢复呢？科技的发达给数据恢复带来了福音，相信现在很多人都会直接找数据恢复软件帮助直接恢复文件吧，那么你的方法管用吗？

网络金点子

误删的电脑文件怎么恢复？

第一种方法就是利用系统自带的还原功能。

在 Windows 7 中，系统还原功能得到增强，除了还原系统之外，还提供了一个"还原以前版本"的功能，可以在设置还原点之后，还原某个磁盘的文件到备份时的状态。

第一步：进入控制面板的系统选项，选择"系统保护"功能，选中需要设置的分区点击"配置"，在设置界面中，如果不需要使用系统还原的话，那么就选择"仅还原以前版本的文件"，再设置一下还原空间占用容量，建议使用整个分区空间的 5%～10% 比较好。设置完成后点击"确定"关闭。

还原功能只在 NTFS 格式的磁盘分区上才能使用。如果是 FAT32 格式，请先在命令行中使用"convert 盘符：/FS：NTFS"命令转换。

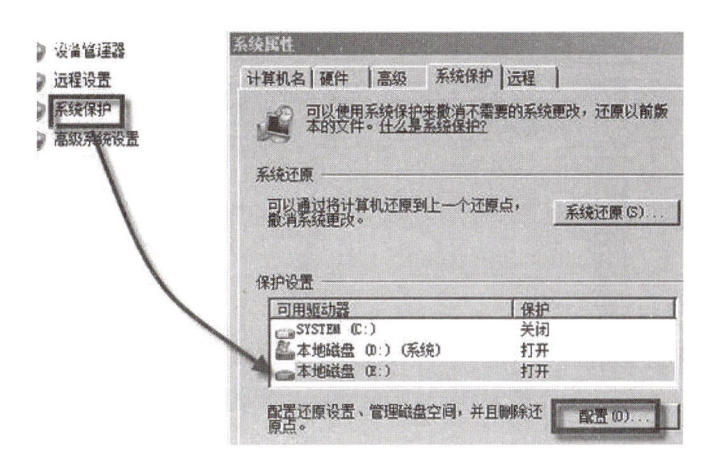

第二步：设置完成，然后在"系统保护"选项中点击"创建"来为刚刚设置的分区创建一个还原点，输入一个用于识别的名称，系统会自动创建时间。

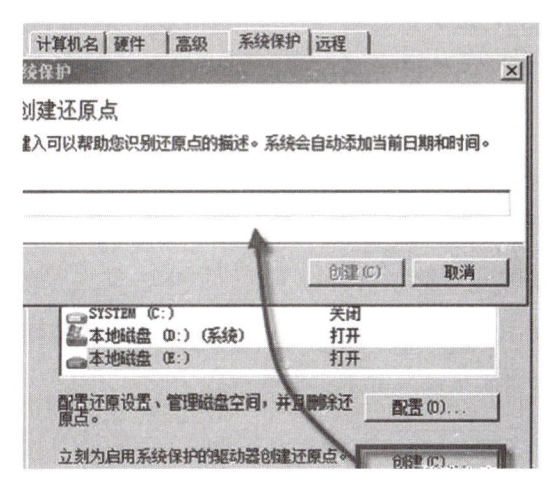

第三步：当设置的分区中出现文件丢失的情况，这时候就可以使用还原功能。右键点击丢失文件所在的文件夹，选择"属性"，在属性选项中选择"以前的版本"，在这里可以看见之前设置的还原点，有详细的日期显示，如果确定要还原，点击"还原"按钮即可。即使是重复覆盖删除的文件，也可以完全找回。假如需要经常修改文件（比如画稿、设计稿、论文之类），建议创建多个还原点，以便快速找回之前的文件，避免创意的丢失。

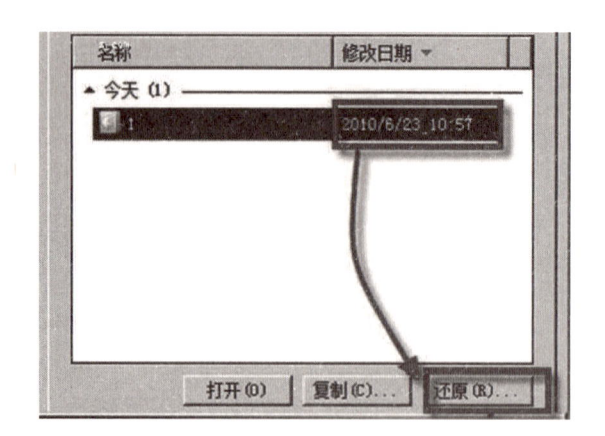

但是每一代的操作系统的还原功能都有或多或少的不同，我们上面提到的方法也是针对 Windows 7 系统。所以这里推荐大家掌握的第二种方法，就是利用专业的第三方数据恢复软件，如互盾数据恢复软件等。

网上免费的第三方数据恢复软件很多。当然，也有一些收费的软件以及专业的数据恢复技术人员。如果是自己实在无法恢复的重要资料，建议使用专业的收费恢复软件，或者找专业的数据恢复技术人员帮忙解决。

以上两种方法有所不同，不过都是非常简单且实用的方法，但最好的方法还是及时做好数据的备份，这比数据丢失之后再去找回要轻松、简单得多。所以，从现在开始管理好你的文件，养成定期备份重要资料的习惯，毕竟"后悔药"并不是那么好吃的。

大伽语录

1. 如果错过了太阳时你流了泪，那么你也要错过群星了。

——印度诗人　泰戈尔

2. 一经打击就灰心泄气的人，永远是个失败者。

——英国小说家　毛姆

3. 事前要思免后悔。

——元代杂剧作家　关汉卿

第三节 打字高手修炼记，我会盲打我骄傲

网络小故事

微机课上，大家都在进行打字练习。小星因为在家里经常练习，已经可以熟练地使用键盘打字。他看了看身旁的小丽，忍不住笑出了声音来。原来小丽因为不熟悉键盘键位，打字的时候用一根手指戳来戳去，样子有些滑稽。小星开玩笑道："小丽，你是在练习'一指禅'吗？"

被取笑的小丽生气道："你有本事像小军一样学会盲打再来嘲笑我吧。"小星这才注意到坐在前面的小军不但打字速度快，而且是"盲打"，不看键盘就能"噼里啪啦"地快速打字。小星瞬间觉得自己的打字水平差得太远了。

回到家的小星开始练习盲打，妈妈看到小星认真地研究打字非常欣慰，可当她走上前观看时却发现了问题。原来小星只顾着追求打字的速度，导致打出来的字错误非常多。

妈妈拍着小星的肩膀说道："星星，不能光为了速度而失去打字的准确度啊。你看看你打的字，把'微机课'打成了'味即

可',谁能看懂你要表达的意思啊?"

小星垂头丧气地看着打出来的一堆错别字,心想:到底怎样才能成为打字高手呢?什么时候我也可以像小军一样快速地"盲打"呢?

进入互联网时代,我们要掌握的电脑技术很多,而"盲打"可谓是我们操作电脑时最有用的一种。打字是门技术活,你每分钟能打多少字呢?你是否也想成为一名"盲打"高手呢?

网络解码器

在说打字之前我们先来了解一下键盘的重要性。

早期的打字机

键盘是最常用的,也是最主要的输入设备,通过键盘可以将各种文字、数字、标点符号等输入到计算机中,从而向计算机发出命令、输入数据等。

键盘的历史非常悠久,从1714年起,就相继有英国、美国、法国、意大利、瑞士等国家的人发明了各种形式的打字机,最早的键盘就是那个时候用在那些技术还不成熟的打字机上的。直到1868年,"打字机之父"——美国人克里斯托夫·拉森·肖尔斯(Christopher Latham Sholes)获打字机模型专利并取得经营权,又于几年后设计出现代打字机的实用形式并首次规范了键盘,即现在的"QWERTY"键盘。一定程度上来说,键盘是结合了以往英式打印机的输入习惯所设置的键位。

在电脑使用过程中键盘非常重要，对于我们来说，没有键盘我们便没办法正常使用电脑。所以，我们学习打字的过程就是对于键盘的每一个键位的熟悉过程，熟练地掌握打字之后对于以后的快捷键操作等都会十分有帮助。也就是说，我们在练习打字的同时也是为了能够快速熟悉键盘，为以后能够更加熟练地操作电脑提供基础。甚至可以说，学不好打字，你后面也没办法熟练地使用电脑。

但是，往往刚刚开始学习打字的时候，我们会因为没有掌握打字技巧，加上不熟悉键盘的键位，而使得打字速度非常慢，有的同学还需要一直盯着键盘用手指头戳来戳去。

我们追求打字的速度，希望变成可以"盲打"的打字高手，但是我们要牢记的是，准确仍然是学好打字的第一前提。打字是一种技能，并不是所有的人都可以达到飞速击键的状态，一个打字高手也不可能在历次比赛中都发挥得同样出色。提高速度应建立在准确的基础上，欲速则不达。像小星这样单纯追求速度的"盲打"，但是错误率太高，需要反复修改的话，"盲打"就变得没有意义了。要想像小军一样成为打字高手，熟练快速地"盲打"，需要科学的练习方法，并且要持之以恒地坚持练习。

> **"QWERTY"键盘**
>
> 为什么要将键盘规范成现在这样的"QWERTY"键盘按键布局呢？这是因为，最初打字机的键盘是按照字母顺序排列的，而打字机是全机械结构的打字工具，因此如果打字速度过快，某些键的组合很容易出现卡键问题，于是克里斯托夫·拉森·肖尔斯发明了QWERTY键盘布局，他将最常用的几个字母安置在相反方向，最大限度放慢敲键速度以避免卡键。

网络金点子

"盲打"技巧能大大提高我们的学习效率。那么，具体有哪些打字技巧可以帮助我们成为"盲打"高手呢？

首先，要选择一款好的输入法软件。好的输入法软件有两个要点：智能化、人性化。比如"搜狗"输入法，它可以自动统计使用者的输入速度，自动记录用户词库、词频，随意更改输入者习惯的输入方式、显示方式。这些人性化并有教学性的设计，特别是"细胞词库"的概念，可以让使用者轻松实现一秒钟打50个字的梦想（特定内容，如诗词）。拥有了顺手、高效的输入软件后，可以更快地提高学习速度。

很多人不会盲打并不是因为笨，而是没找到一种简单易行的练习方法。按照标准指法，看着键盘按照从 A 到 Z 的顺序打26个字母，最多7天

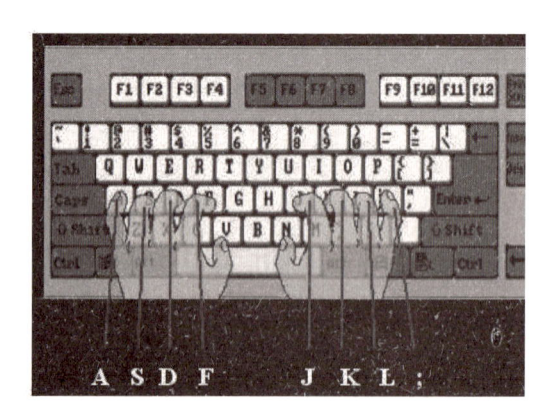

> **五笔字根**
>
> 　　五笔字根是五笔输入法的基本单元，由王永民在1983年8月发明。练好五笔字根是学习五笔字型的首要条件。五笔字根有86版、98版和新世纪版三种，主要用于使用简体中文的地区。三种字根有一定区别。用 11G 这个按键举例如下：
>
> **86 版字根表**
>
> 　　11G：王旁青头戋（兼）五一
>
> **98 五笔字根**
>
> 　　11G：王旁青头五夫一
>
> **新世纪版字根**
>
> 　　11G：王旁青头五一提

你就可以学会盲打了。所谓标准指法，就是把你的双手依照上图的位置放在键盘上，即让你的左手食指放在字母 F 上（F键上有一个小突起，我们通常称之为盲打坐标），右手食指放在字母 J 上（J键也有一个盲打坐标），然后将四指并列对齐分别放在相邻的键钮上。

盲打要求的是对键盘的熟练，是感觉上的东西！当你看到一句话想到的不应该是每个字有哪个拼音，有哪个字母，而是像"手感"一样，把那句话打出来！重点是不要养成看键盘打字的"坏习惯"。以下是具

体的学习方法。

一、准备工作

为了避免长时间打字造成过度疲劳，一定要选择一张好的电脑桌和一张高度适当的椅子。椅子要达到能让双脚平放在地上的高度，然后腰挺直，手的小臂和大臂角度略小于90度，小臂和手腕要尽量保持水平状态，这样就能知道适合自己使用的电脑桌的高度。

二、打字要领

学习打字要有耐心和恒心，从易到难，由简入繁。打字的一些基本要领如下。

1. 熟记键符分布：这是在练习打字前的关键，在初步记熟后，再在练习中加强记忆。

2. 眼睛不看键盘：在练习一段时间后，对键符的分布应该有了一定的记忆，此时就加强到不看键盘，让自己更清楚地感觉到各键符的相对位置，以便养成盲打的习惯。

3. 掌握击键要领：击键正确与否，花的时间是否适当，是会直接影响打字速度的。应该做到轻轻一按就要放开，时间不要太长，力气不用太大。按键时间长了，也就是单个字符所花的时间长了，就会影响效率，太长的话甚至会出现连码（错误击打导致连续出现两次以上）；力气大了，长时间打字后会更加疲劳。击键的频率要均匀，不要同时击打两个键，应该一个接一个地打，听起来是有节奏的。击完键后，要迅速返回到相应手指所在的基准键（基准键请看下面的介绍），以便准备下一次击键。

三、打字指法与键位

指法是指10个手指协调配合、分工合作地击键。指法与键盘的键位是紧密相关的。所谓键位，就是字符在键盘上的分布位置。下面将指法与键位相结合，介绍打字的基本指法。

1. 基准键

键盘上的字母键位置是按照各个字母在文字中出现的机会多少来排

列的。在 26 个字母中选出了用得比较多的 7 个字母，和一个标点键作为基本的字键，这就是基准键，也叫作原位键。这 8 个键是：

A——左手小指；S——左手无名指；D——左手中指；F——左手食指；J——右手食指；K——右手中指；L——右手无名指；；——右手小指

在左、右手的食指对应的 F 和 J 键上，都有微微的突起，这样就可以使操作者很容易地将两个食指分别定位在这两个基准键上，等这两个手指定位后，其余的手指定位就简单多了。

2. 各手指的击键范围

8 个手指除了击打对应的基准键外，还击打按键划分出的范围线内所有的字符和一些符号，这些键一般称为范围键。左、右手大拇指共同负责空格键，想用哪个指按是根据需要随意选择的。

3. 其他范围键

0 到 9 这 10 个数字与其对应的上档符号，属于除两个大拇指外的 8 个手指的范围键。这些键离基准键较远，击打时必须以基准键为中心，以长时间练习练出来的位置感觉来击打，击打这些远距离的键时，掌心可略抬高，所用的手指伸直。

注意：输入数字键上的符号时，记得要按住上档键 Shift。一般左手击打这些符号时，右手按右边的 Shift；右手击打这些符号时，左手按左边的 Shift。Shift 键设在两边就是为了两手能分工合作提高击打速度。

双符号键是指同一个双字符键位上的上下两档都是符号。这样的键一般都分布在键盘的边角上，因此要求击打时手指伸出的跨度较大。这些符号键大部分是小指的范围键，因此要求小指的动作迅速有力。在输入上档键字符时另一只手的小指按下 Shift 键。

由于数字和符号键没有字母键使用的频率高，因此初学者应把精力放在字母键的练习上。

四、指法训练的难点

指法训练的难点主要有以下几方面：

1. 无名指和小指的控制

初学者常见的毛病是无名指一动，其他手指也跟着动。解决这个问题的办法是多练习的同时多注意，尽量控制住手指，哪个手指不好使就练哪个，一个一个地攻破。各个手指都练好后，再进行综合性的练习，使 10 个手指分工明确，协调灵活。只要练习得多，手指就会越来越灵活，打字会越来越快。

2. 打字姿势

虽然很多教程对打字姿势都有硬性规定，但其实只要自己觉得舒服，长时间打字也没特别累或对身体哪部分造成特别大的压力的话，就可以。

3. 盲打

在键位熟识后，就可以试着盲打。只要记住了键位，指法正确，实现盲打并不难。打文稿时，眼睛大部分时间看着文稿，小部分时间看屏幕上的字，绝不能浪费时间看键盘。初学者一般都是把时间花在用眼睛找键位上，这种办法如果习惯下去的话，就永远不会有快的打字速度。开始时慢不要紧，只要坚持尽量盲打，练习多了后自然就会得心应手，越来越快。

4. 手指必须放在基准键上

手指离开了基准键，就很难练成盲打。初学者最常见的毛病之一是击键后忘记回到基准键的位置上。应该养成习惯，击键后马上回位，这样相应的手指在击打下一键时就能保持最快响应。

另外，每天按摩按摩手指，多活动手指，没事的时候用力握握拳，经常这样做有利于手指的血液流通，会增加手指的灵活性。记得打字要每天练，多练。

大伽语录

1. 人的全部本领无非是耐心和时间的混合物。

——法国著名小说家 巴尔扎克

2. 一日练一日功，一日不练十日空。

——谚语

第四节　快捷键，让操作更方便

网络小故事

微机课上，老师给同学们布置了很多课堂作业，小威因为自己的鼠标不好用所以进展很慢。正在这时小威看见小俊双手快速地在键盘上敲击，完全没有使用鼠标。小威好奇地询问小俊是怎么办到的。小俊表示他是跟自己的姐姐学习的。小俊的姐姐在一家外企上班，她周围的同事追求效率，几乎都弃用鼠标。小俊姐姐听说之后就把自己的鼠标藏起来，逼着自己在一周内实现了无鼠标操作。

小俊告诉小威真正的电脑高手完全可以通过键盘快捷键完成电脑的各项操作，而且很多快捷键的使用比用鼠标还要快捷。

小威半信半疑，在小俊的指导下，他尝试用快捷键的方式进行复制、粘贴和保存文件，结果十分令人欣喜。以往需要鼠标移来移去才能完成的操作，只需要几个按键的组合便能完成，真的是太神奇了。

一直以来，我们都把键盘和鼠标视作操作电脑的"左膀右臂"，然而，在一些操作中，使用鼠标反而显得笨拙和效率低下，一些快捷键则可以轻松实现操作。

网络解码器

键盘是计算机首要的输入工具，要体现人机的信息互动最佳的也是键盘。可以说，在多数时候，快捷键的操作比鼠标操作更加简单方便，因为键盘的击键速率很高，能够充分体现灵活性和信息的传递感。

快捷键，又叫快速键或热键，指通过某些特定的按键、按键顺序或按键组合来完成一个操作，很多快捷键往往与 Ctrl 键、Shift 键、Alt 键、Fn 键以及 Windows 平台下的 Windows 键和 Mac 机上的 Meta 键等配合使用。利用快捷键可以代替鼠标做一些工作，可以利用键盘快捷键打开、关闭和导航"开始"菜单、桌面、菜单、对话框以及网页，Word 里面也可以用到快捷键。

我们很多人虽然已经能够熟练地使用电脑，但是在操作过程中还是比较依赖鼠标，并且不知道如何使用快捷键。电脑作为一个智能工具，其本身就是为了方便我们的工作和生活，而快捷键的存在又使得这种操作更加的简便和迅速。如果说电脑是一门武术的话，那么快捷键就相当于一本武功秘籍。使用键盘上的某一个键或某几个键的组合完成一条功能命令，从而达到提高操作速度的目的。应该说，快捷键的使用将大大减少操作的时间，提高我们的效率，同时也能让我们在使用电脑的时候有更多操作的成就感。

我们常常觉得电脑给我们带来了便利，那么快捷键就是便利中的便利。快捷键的学习相对来说是简单的，我们要通过练习的过程使自己具备这种快捷操作的思维。这种思维不仅仅限于电脑的使用过程中，在平时的学习和生活中只要我们肯动脑子都会发现一些实用快捷的方法。

> **网络金点子**

快捷键是很多电脑高手操作电脑最常用到的。下面分享一些电脑老手最常使用的一些键盘快捷键。

开场先介绍下下面用得最多的 Windows 键是什么键，在以下组合快捷键中 Windows 键（简称 Win 键）出现得特别多。先介绍下电脑上的 Win 键在哪里。Win 键处于电脑键盘的左下角，位于 Ctrl 键与 Alt 键中间的那个带着微软的徽标的键就是 Win 键。

Win + D 组合快捷键

这是高手最常用的第一快捷组合键。这个快捷键组合可以将桌面上的所有窗口瞬间最小化，无论是聊天的窗口还是游戏的窗口，只要再次按下这个组合键，刚才的所有窗口都回来了，而且激活的也正是你最小化之前在使用的窗口，非常实用！

Win + F 组合快捷键

不用再去移动鼠标点"开始→搜索→文件和文件夹"了，在任何状态下，只要一按 Win + F 组合快捷键即可弹出搜索窗口。

Win + R 组合快捷键

在我们的文章中，你经常会看到这样的操作提示："点击'开始→运行'，打开'运行'对话框……"其实，还有一个更简单的办法，就是按 Win+ R！

Alt + Tab 组合快捷键

如果打开的窗口太多，这个组合键就非常有用了，先按住 Alt 键不放，然后再按 Tab 键即可切换到当前所有打开的应用上了，可以根据自己的需要进行切换。另外，Alt + Tab + Shift 组合快捷键则可以反向显示当前打开的窗口。

Windows 键

Windows 键，简称"Winkey"或"Win 键"，是在计算机键盘左下角 Ctrl 和 Alt 键之间的按键，台式机全尺寸键盘的主键盘区右下角往往也有一个（一般和一个功能相当于鼠标右键的快捷菜单按键在一起），图案是 Microsoft Windows 的视窗徽标。

Win + E 组合快捷键

当你需要打开资源管理器找文件的时候，这个快捷键会让你感觉非常方便。

其他实用电脑按键与快捷键作用汇总如下。

F1：显示当前程序或者 windows 的帮助内容

F2：当你选中一个文件时，这意味着"重命名"

F3：当你在桌面上的时候是打开"查找：所有文件"对话框

F10 或 ALT：激活当前程序的菜单栏

Windows 键或 CTRL+ESC：打开开始菜单

CTRL+ALT+DELETE：关闭当前程序对话框

DELETE：删除被选择的选择项目，如果是文件，将被放入回收站

SHIFT+DELETE：删除被选择的选择项目（如果是文件，将被直接删除而不是放入回收站，因此删除重要文件须慎重）

CTRL+N：新建一个新的文件

CTRL+O：打开"打开文件"对话框

CTRL+P：打开"打印"对话框

CTRL+S：保存当前操作的文件

CTRL+X：剪切被选择的项目到剪贴板中

CTRL+INSERT 或 CTRL+C：复制被选择的项目到剪贴板中

SHIFT+INSERT 或 CTRL+V：粘贴剪贴板中的内容到当前位置

ALT+BACKSPACE 或 CTRL+Z：撤销上一步的操作

ALT+SHIFT+BACKSPACE：重做上一步被撤销的操作

Windows 键 +D：最小化或恢复 windows 窗口

Windows 键 +U：打开"辅助工具管理器"

Windows 键 +CTRL+M：重新恢复上一项操作前窗口的大小和位置

Windows 键 +E：打开资源管理器

Windows 键 +F：打开"查找：所有文件"对话框

Windows 键 +R：打开"运行"对话框

Windows 键 +BREAK：打开"系统属性"对话框

Windows 键 +CTRL+F：打开"查找：计算机"对话框

SHIFT+F10：打开当前活动项目的快捷菜单

SHIFT：在放入 CD 的时候按下不放，可以跳过自动播放 CD；在打开 Word 的时候按下不放，可以跳过自启动的宏

ALT+F4：关闭当前应用程序

ALT+SPACEBAR：打开程序最左上角的菜单

ALT+TAB：切换当前程序

ALT+ESC：切换到前一窗口

ALT+ENTER：将 Windows 下运行的 MSDOS 窗口在窗口和全屏幕状态间切换

PRINT SCREEN：将当前屏幕以图像方式拷贝到剪贴板中

ALT+PRINT SCREEN：将当前活动程序窗口以图像方式拷贝到剪贴板

CTRL+F4：关闭当前应用程序中的当前文本（如 Word 中）

CTRL+F6：切换到当前应用程序中的下一个文本（加 shift 可跳到前一个窗口）

在 IE 浏览器中使用快捷键的推荐：

ALT+RIGHT ARROW：显示前一页（前进键）

ALT+LEFT ARROW：显示后一页（后退键）

CTRL+TAB：在页面上的各框架中切换（加 shift 反向）

F5：刷新

CTRL+F5：强行刷新

组合快捷键的用法是：先用一个手指按着第一个按键不放，另外一个手指再按住另外一个键不放，即可看到组合快捷键的威力了。上面介绍的这些快捷键组合只是电脑操作中的一部分，还有大量的快捷键组合方式，有兴趣的可以自己通过网络搜索继续练习，只要有恒心、毅力，你也会变成自如使用快捷方式的电脑高手。

大伽语录

1. 我们决不能一见成绩就自满自足起来。我们应该抑制自满，时时批评自己的缺点，好像我们为了清洁，为了去掉灰尘，天天要洗脸，天天要扫地一样。

——毛泽东

2. 进步，意味着目标不断前移，阶段不断更新，视野不断变化。

——法国作家　雨果

3. 你想成为幸福的人吗？但愿你首先学会吃得起苦。

——俄国批判现实主义作家　屠格涅夫

第三章 网络小工具，让生活更省力

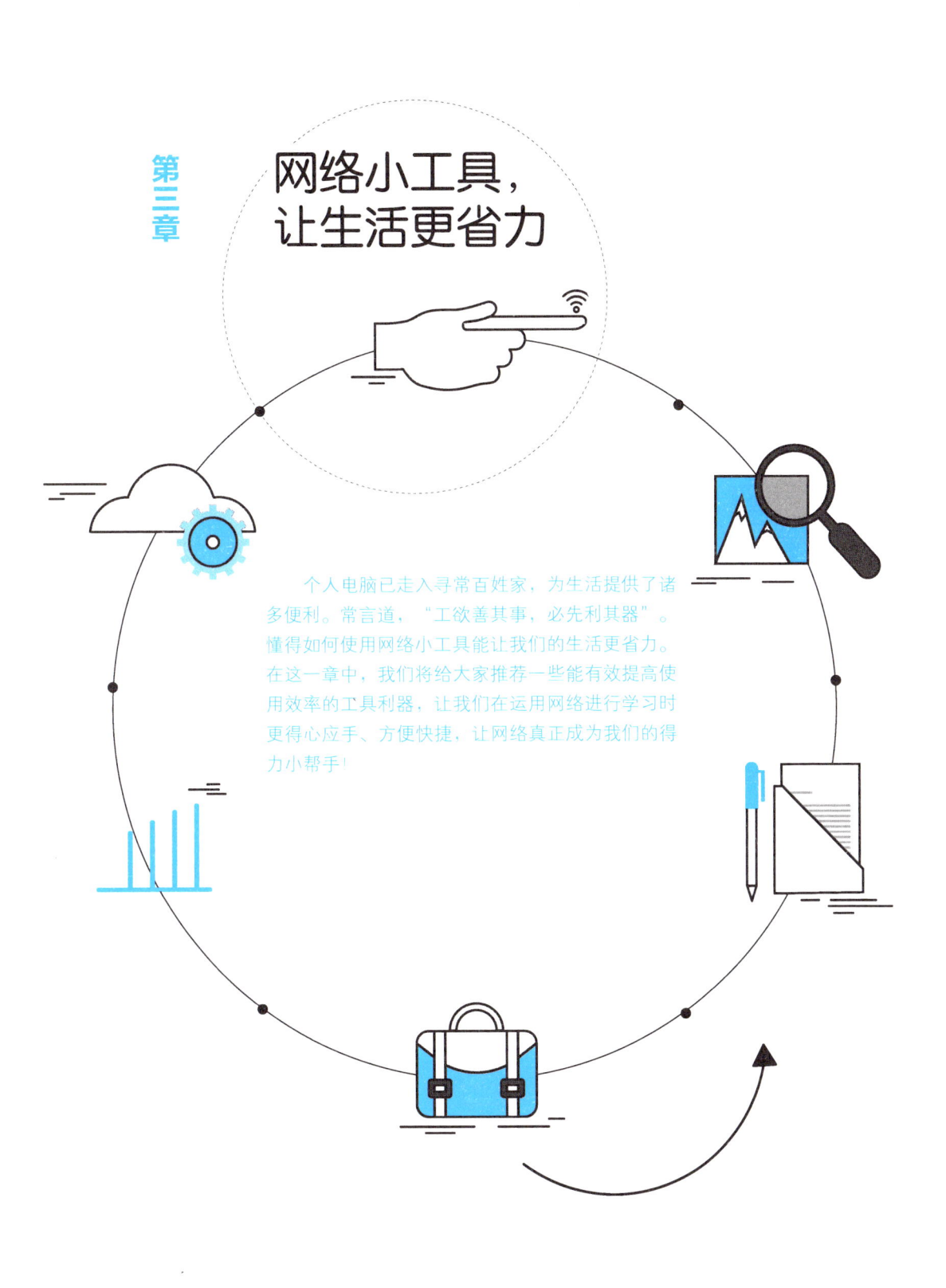

个人电脑已走入寻常百姓家，为生活提供了诸多便利。常言道，"工欲善其事，必先利其器"。懂得如何使用网络小工具能让我们的生活更省力。在这一章中，我们将给大家推荐一些能有效提高使用效率的工具利器，让我们在运用网络进行学习时更得心应手、方便快捷，让网络真正成为我们的得力小帮手！

第一节　云网盘：我的虚拟"储物柜"

网络小故事

小文因去远方的姑姑家过寒假，期末考试结束后就离开家了，没来得及参加班级新年晚会，便委托好友小琳将视频录下来，发给自己欣赏。然而，这天小琳通过QQ给她发送视频时，却遇到了问题。

原来，视频体积太大了，用QQ发送太慢，而且经常中断。小琳告诉小文，因为文件太大，U盘装不下，自己已经将视频拷贝到移动硬盘中去了，小文只有等到开学将硬盘带回家复制就可以观看视频了。这让小文十分失落，因为这两天大家都在群里讨论晚会的话题，而自己因缺席完全不能融入大家的聊天中，她十分好奇班里同学的演出情况究竟是怎样的，但如果等到开学再看，就完全没有了时效性。

这时姑姑走了过来，她想让小文将表哥的婚礼视频拷给小文的爸爸妈妈看。小文将自己的U盘插入电脑，打开后却傻了眼，自己的U盘只有2 G，而整个婚礼视

频的容量有 3 G 多。小文沮丧极了，心想要是有一个虚拟"储物柜"可以随时随地存储自己的大小文件，想要的时候又可以随时拿出来就好了。

小文越想越不甘心，毕竟总不能所有人都随时随地拿着一个大号的移动硬盘吧？这时，她想到了电脑高手小胜。小胜听完小文的苦恼后，表示这种虚拟"储物柜"真的有，就叫作云网盘。

互联网时代的到来，让我们的身外之物明显增多，有布置的电脑作业，有旅游照片，有各种各样的视频，当 U 盘存储量不够用的时候，云网盘可以作为我们的虚拟"储物柜"，帮助我们收纳各种文件，还能将这些文件一键分享给好友。你会使用云网盘吗？

网络解码器

在互联网高速发展的今天，信息越来越多，我们想把自己感兴趣的某一部分资料或影视大片统统保存到电脑上，但是，这样的资料太多了，而电脑容量则是有限的，这时，我们就可以使用上面网络小故事中提到的云网盘这个虚拟"储物柜"了。

云网盘，也叫云盘，是互联网存储工具。云盘是互联网云技术的产物，它通过互联网为企业和个人提供信息的储存、读取、下载等服务，具有安全稳定、海量存储的特点。云存储技术在今天已经不再是什么概念，而是切切实实存在的技术，各式网盘就是云存储技术的最直接的表现。网盘被称为网络 U 盘或者是网络硬盘，是由网络公司提供的在线存储服务，用户可以通过网盘实现存储、备份、共享等文件管理功能，是一种专业的网络存储工具，是个人网络硬盘，可以随时随地安全地存放数据和重要资料。

云技术

云技术是指基于云计算基础的科学技术的总称。例如：云存储、云安全等。云技术是基于云计算商业模式应用的网络技术、信息技术、整合技术、管理平台技术、应用技术等的总称，可以按需取用，灵活便利。简单的云计算技术在网络服务中已经随处可见，例如搜索引擎、网络信箱等，使用者只要输入简单指令即能得到大量信息。

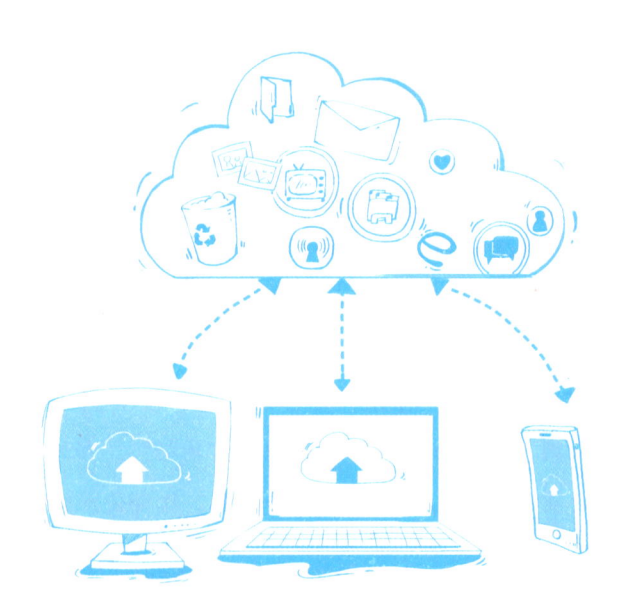

如今有大量提供网盘服务的互联网公司，其中有专业的网络存储技术公司，也有意在各个方面都能开花结果的互联网公司或者门户网站，用户的选择实在是太多了。比较知名而且好用的云盘服务商有迅雷快传、百度云、360云盘、金山快盘、115网盘、网易网盘、新浪微盘、腾讯微云、华为DBank网盘等。这几个常用的免费网盘都会给用户一定的免费存储量。优先考虑大容量网盘的用户可以选择360云盘；追求容易使用的可以选择腾讯微云，其PC客户端在使用上与普通文件夹无异，超过10T空间，支持单个32G文件，而且微云与QQ是直接绑定的，不用担心忘记网盘账号。但当前使用人数较多的网盘当属百度云网盘。

云盘相对于传统的实体磁盘来说，更方便，用户不需要把储存重要资料的实体磁盘带在身上，却一样可以通过互联网轻松地从云端读取自己先前所存储的信息。

而且，云网盘还有一些实体存储盘所不具备的优点。首先就是安全保密，通过密码和手机绑定，空间访问信息随时告知，不必担心有人会盗用网盘里的文件。再有就是网盘具有超大存储空间，不限单个文件大小，最多支持无限独享存储空间，一般的网盘都可以通过收费"无限"

扩容。最方便的就是，网盘里的文件可以和好友共享，只需要通过提取码轻松分享，好友之间的文件可以随时随地通过网盘存储和下载。

网络金点子

说了这么多，我们到底该如何使用这些免费的虚拟"储物柜"呢？现在就以百度云网盘为例，教大家使用这个空间大、速度快而且免费的神奇虚拟"储物柜"。

1.登录自己的百度账号。如果没有，先注册一个。

2.百度搜索百度云盘，如下图，直接点击进去，或者点击右上角的百度用户名进入个人中心，然后找到云盘，点击就可以直接登录自己的百度云盘主页了。

3.我们可以上传资料，点击左上角的上传文件，会弹出一个选定资料的对话框，选中以后点击"确定"就可以上传到百度云盘了。建议个人的私密信息别上传。

4.点击左上角的"新建文件夹"，我们可以新建并重命名一个文件夹，让自己的文件分类更加清楚。

5.如果自己盘里的文件比较多，我们可以通过右上角的搜索框快速定位自己要找的资源。如果要搜索百度云盘里的资源，那么我们最好使用百度的高级搜索，相当方便。

6. 找到自己喜欢的资料后，可以单选或全选，通过右上角的"保存到我的百度网盘"将别人已公开权限的资料存入我们的云盘。

7. 对于比较小的文件，我们可以直接通过右上角的"下载"将文件下载到本地。如果比较大，建议还是下载一个百度云管家，下载速度还不错。

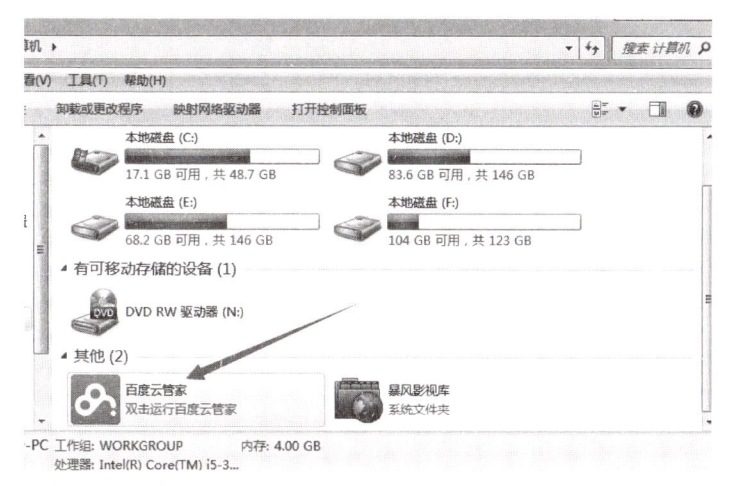

8. 回收站可以将我们删除的东西保存 10 天，这个设计很好用。

大伽语录

1. 由智慧所养成的习惯能成为第二本性。

——英国哲学家 培根

2. 无知会使智慧因缺乏食粮而萎缩。

——法国哲学家 爱尔维修

第二节 电子笔记：让记录随心所欲

网络小故事

小凌一直都有做笔记的习惯，他常常随身携带一个笔记本，将自己的所看所想记录下来，积累了不少素材。

这天，老师在教授一门新的课程，内容十分复杂，板书也很多，同学们都在埋头苦抄。小凌有点轻微的强迫症，他觉得如果不把黑板上的东西全部抄到笔记本里，就会遗漏知识，于是，他便全心全意地抄板书笔记。但他很快发现了问题，即他只顾抄笔记，而忽视了老师额外讲述的一些重要知识。是抄笔记还是认真听老师讲课呢？小凌陷入了两难之中。最终，作为一名"笔记达人"，他舍弃了听老师的讲述内容，而专心将板书笔记抄完了。

回家后，小凌打开笔记学习时却又遇到了麻烦。因为板书内容太多，他的手越抄越酸，写的字也越来越差，后面几页的笔记完全无法识别出来。

第二天，老师继续讲上节课的知识，再次写了很多板书。小凌本打算用做笔记的时间好好听课，但同时又觉得板书笔记仍然十分有用。他继续苦恼着，只得寄希望于下课时间抄笔记。

下课时间只有十分钟，小凌无论如何都抄不完，而值日生马上就要擦黑板了，他急得满头大汗。小瑞看到小凌如此着急便上前安慰。小瑞说别担心了，笔记他和同桌两个人已经分别写好了，等放学之后两个人会一起整理好通过互联网把"笔记"分享给小凌。小凌听了一头雾水，"笔记"还能通过互联网分享吗？

互联网为我们的学习和生活方式带来了革命，笔记也不可避免地被互联网的浪潮所改变。什么是电子笔记？它与传统笔记相比又有什么优势呢？

网络解码器

手速都跟不上老师上课时候翻幻灯片的速度，句子还没有抄完，老师就跳到了下一页，这种情形一堂课绝对不止出现一次。在信息过载的课堂上，由于很多干扰因素，我们很难迅速地把握这些信息。其实，通向"学神"之路并不是要把所有信息都一笔一画地记录下来，如何释放充足的空间给自己的大脑来思考和消化老师所讲的内容，同时又能记录下重点内容，便成了问题的核心和关键。电子笔记可以帮助我们有效解决这一问题。

比起传统的用纸和笔做笔记的方式，电子笔记只要有电脑或者手机就可以随时使用。电子笔记还有功能融合多，使用起来极其方便的特点，比如可以在记笔记的过程中插入录音和图片。当然，电子笔记最方便的一点就是可以随时随地存储，只要有互联网。即便我们更换了设备，即使我们身处异地他乡，只要登录账号打开电子笔记就可以查看以往的电子笔记。不管是现在提到的电子笔记还是之前提到的云网盘，互联网带给我们的一大便利就是，自己需要的资料和文件可以随时调取。

在电子笔记问世之前就已经有了电子书，比如 kindle 电子书，无论对于真实纸张和字迹的模仿都达到接近真实书籍的视觉效果，越来越多的人已经习惯通过电子书来进行阅读。电子笔记的应用也越来越广泛，越来越多的人已经习惯使用电子笔记这类工具。

我们要慢慢养成这种利用网络云科技的习惯。但同时需要提出的一点是，一定要保证账号的安全，因为一旦账号被盗用就相当于我们所有的文件都被别人所盗取了。

当然，电子笔记也并非是全能的，它同样有一些不可避免的缺点。首先，电子笔记需要依托电子设备和网络，如果在做笔记的关键时刻电子设备电量不足，就十分尴尬了，而传统笔记有笔有纸就可以完成，限制条件较少；其次，利用电子设备做笔记时，我们极有可能被其中的一些无关信息所干扰。因此，我们对电子笔记的使用应适当、适度。

网络金点子

这里给大家介绍适合我们学生群体使用的一种电子笔记——印象笔记。

印象笔记适合学生群体。我们可以用印象笔记拍下重要的课件板书，记录关键的文字，对整堂课进行录音，还能将所有内容保存在同一条笔记中。以下具体操作，可以帮助我们轻松做好课堂笔记。

1. 创建笔记，提前制订学习规划

首先，为新学期创建一个新的笔记本，用它来管理整个学期的学习资料：登录印象笔记后，新建一个"学习"笔记本，新建一条笔记如"2018—2019 年度第一学期学习计划"，用项目符号和待办事项列出自己本学期

的计划，随时查看，督促自己执行计划，实现学习目标，每完成一项做一个标记。同样的方法，可以新建一个"课外和活动"笔记本，计划一下自己的课外活动计划和社团活动。

2. 记录课堂笔记

（1）拍照录音，快速记录一切

新建一条笔记，如"大白的听抄笔记2017-09-12"，在课后向老师咨询不会的习题，可以在咨询的时候打开后台录音，老师讲时认真听，提炼重点后记在笔记本上，重要的例题可以直接拍照插入。归纳整理一下，一节课的笔记就完成了。

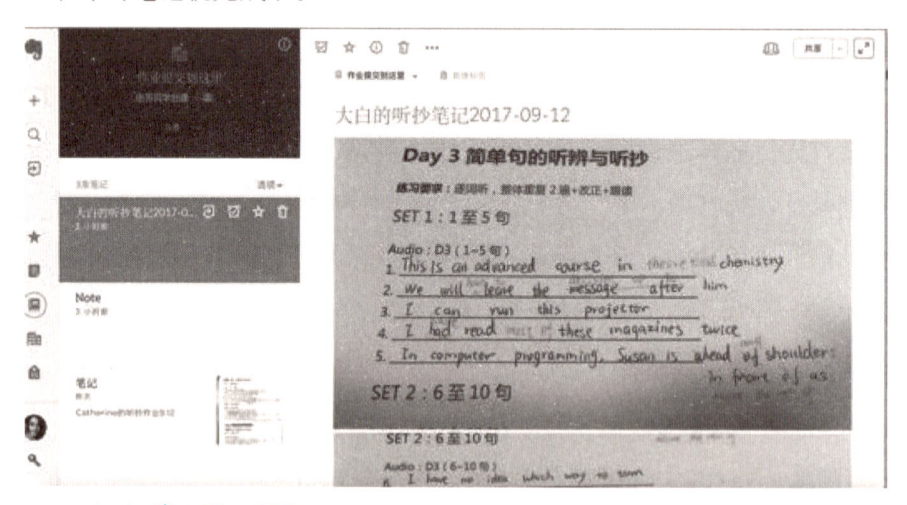

（2）善用笔记模板

我们都知道，写下是重复记忆的开始。在听讲的过程中，遇到重要内容可以用简洁的文字快速记录下来，也是对重点的强化记忆。有一些比较经典的笔记法模板，如康奈尔笔记法模板，恰当运用的话，可以事半功倍。我们可以直接记录在印象笔记中，也可以把模板打印出来填上手写笔记，扫描笔记或者给笔记拍照，然后将扫描的内容或者图片上传到印象笔记中。

康奈尔笔记法（又称 5R 笔记法）模板

3. 收集课程资料和文献

我们可能遇到过这样的情况，课前预习和课后总结时上网浏览了一大堆资料，有的收藏在浏览器收藏夹里，有的复制粘贴到 Word 文本里，等到课堂讨论的时候却找不到。印象笔记的剪藏功能能帮我们解决这个问题。

只需轻轻一点，印象笔记·剪藏就能把我们在网上看到的重要的、有趣的文本、链接和图像保存到印象笔记的账户里，方面随时温习和回顾。

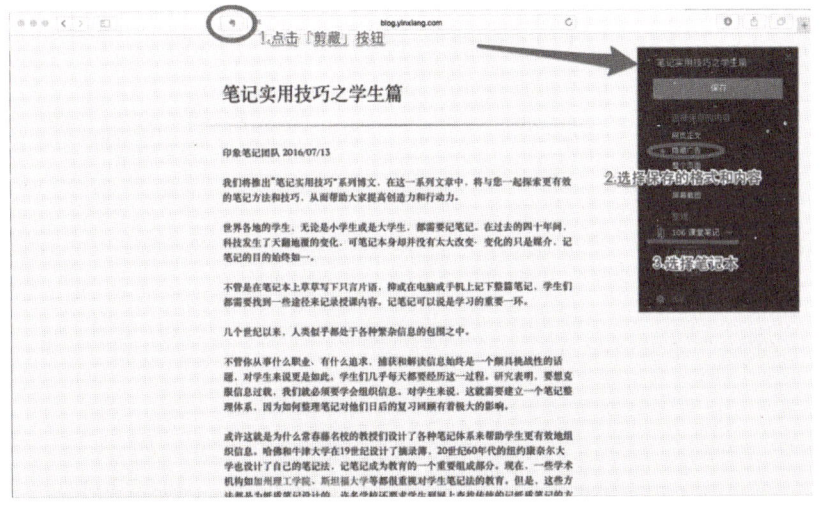

互联网时代充斥着各类各样的丰富的信息，需要我们不断进行分类和整理，筛选和甄别。无论是电子笔记还是传统笔记，都是帮助我们思考的工具。我们切不可为了记笔记而丢掉思考。

大伽语录

1. 我倾听每个人讲话并一一记录，特别是对业务人员。因为，他们一直最接近人群。

——美国广告大师 李奥·贝纳

2. 在今天和明天之间，有一段很长的时间。趁你还有精神的时候，学习迅速办事。

——德国思想家、作家 歌德

3. 合理安排时间，就等于节约时间。

——英国哲学家 培根

第三节 图片编辑器：跟我学简易 PS

网络小故事

小鸿的妈妈在报名一项考试，需要通过网络上传红底的证件照片，但妈妈翻来翻去发现只有白底的照片，于是准备去照相馆照相，可她发现距离报名截止时间只有一个小时了，照相馆离家里并不近，根本来不及去照相馆。

正当妈妈万分焦急的时候，小鸿想起如果会简单的 PS 操作，将照片的白底换成红底再简单不过了，可自己并不会 PS，而且如果现在去下载 PS 软件再进行安装和编辑仍然来不及。

小鸿只得求助比较懂电脑的小君，小君告诉他，有网页版的 PS 软件可供紧急情况下使用。而且图片编辑的软件可不是只有 PS 这一种，还有很多适合初学者的小型的图片编辑软件。鉴于时间紧急，小君让小鸿先将照片发给他处理。果然，不一会儿，妈妈的照片就换成了红底的发送过来了。小鸿对小君的膜拜度又噌噌噌地上了几个台阶，不断夸小君是 PS 大神。小君不好意思地表示，自己并不会复杂的 PS，主要是借助一些小软件学了一些简单的 PS 技巧，但应付日常生活中的简单

需求也足够了。

对于不会 PS 的人来说，PS 仿佛很遥远，是电脑高手才掌握得了的技能。但或许，我们在生活中已经学会用一些美图工具来修改照片了，比如通过"一键美颜"，消去我们脸上的痘痘，让皮肤变得更白皙，让眼睛变大，脸型更加小巧清秀。其实，这也是 PS 的一种。那么还有哪些工具适合我们编辑图片呢？

网络解码器

在互联网时代，每个人或多或少都会接触到图片编辑，就连我们日常使用的手机美图功能也算是图片编辑，从平时的学习再到社交平台分享的图片，效果好的图片可以给我们的生活带来许多乐趣。

PS 是 Photoshop 软件的简称，它不但是一门工作上的手艺，也是美化生活的一种特长。无论是摄影迷、动画迷、漫画迷，还是美术迷，学会 PS，可以丰富自己的业余生活，从此在家就可以设计制作自己的海报、日历、杂志、漫画、封面、艺术照，不再破费和求人。其实图片编辑软件远不止 PS 这一种，只不过因为 PS 使用的人多影响比较大，所以大多数人习惯把图片编辑叫作"PS"。但是 PS 软件是一种比较专业的图片编辑软件，在可操作性方面对于大多数初学者来说有一定的困难。为了满足初学者的需求，越来越多简单易操作的小型图片编辑软件涌现出来。也有软件公司为了方便人们使用，特意只做了网页版图片编辑软件，只要通过互联网打开网页就可以不用安装直接使用。

图片编辑技术其实并没有我们想象的那么高大上，那么遥不可及，我们日常生活中便经常会运用到，比如用手机拍完照片，会调节一下照片亮度或者对照片进行一下裁剪，这些已

经属于最简单、最基础的图片编辑行为；在社交平台发布照片时，很多人都会运用手机自带的编辑功能或者 App 简单编辑之后再发布；在制作 PPT 时，我们经常会插入图片，而插入的图片通常也需要进行简单的编辑。

网络金点子

市面上的图片编辑软件很多，这里给大家推荐两款实用的软件，一款是易笔易画，另一款是电脑自带的画图软件。

一、易笔易画

易笔易画（PhoXo）是一款小巧易用、速度极快，并完全免费的家用中高端图像处理软件。它包含了图片处理常用的编辑和处理功能，例如马赛克、油画和素描等上百种图像特效；还有为图片添加相框、标注和水印，以及专为人像照片准备的去红眼、去斑点、柔光镜和人像增强等功能。虽然功能很多，它的大小却只有 4M，而且启动速度快。如果我们整理照片时，不想劳烦电脑里庞大的专业图像处理工具，那么不妨试试这款软件。下面是一些操作的具体技巧。

（一）图层简介

图层是图像处理中的基石，它的地位类似于九九乘法表之于数学，运用好图层可以让我们处理起图像来又快又好。

为了理解得更形象，想象一下，我们把几张照片底片叠在一起，然后对着灯光看，当我们改变其中一张底片的位置，最后看到的效果就会不同，回到软件中，每个图层就是一张底片，之所以分成很多图层是为了处理起来更方便，比如要画个人脸，我们可以分成脸型图层、眼睛图层、鼻子图层、嘴图层、耳朵图层单独绘制。这样，在我们要修改某一部分时就只需要对相应的图层进行修改。

图层管理器位于软件的右侧，以缩略图的形式显示每个图层的内容，当前正在处理的图层缩略图会带一个蓝框，单击图层旁边的绿灯可以显

示或者隐藏图层，在有多个图层时，这样可以隐藏其他图层，便于对其中的一个图层进行处理。

图层管理器中显示的图层按照自底向上排列，即图层管理器最上方的图片为最底层的图层，最下方的图片为最上层的图层，我们可以通过拖动鼠标来改变它们的层次关系。

下图是一个图层管理器的截图和编辑区中所显示的效果图（请注意它们的层次对应关系）。

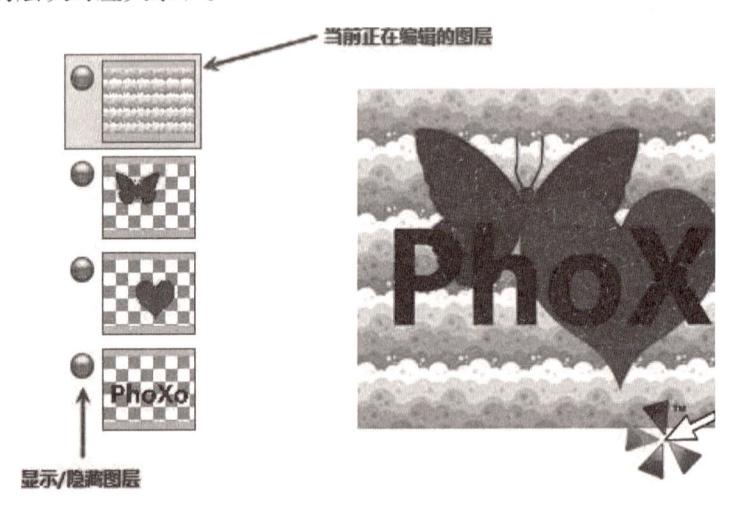

（二）裁剪图片

1. 使用工具栏里的 ▭ 选择区域；
2. 菜单"区域"→"裁剪"。

按比例裁剪：勾选"固定宽高比"，输入比例值，例如：4∶3，16∶9。

（三）抠图

抠图，顾名思义，就是把图像中的一部分（人物、物体等）提取出来。

抠图最常用的工具是自由选取 ▱，一般先粗略地把轮廓选取出来，然后放大图像，通过"加选"和"减选"修正一些细节地方。

魔术棒工具 可以帮助我们选取一块颜色相近的区域，例如背景，然后我们利用菜单"区域"→"反选"选中物体。

选取之后，就可以用拷贝（Ctrl+C）和粘贴（Ctrl+V）像处理文字一样处理它，也可以把它保存成带透明的 PNG 文件，以备以后使用。

效果图：

（四）快速截屏

1. 按 Print Screen 键把当前屏幕抓到剪贴板里（同时按住 ALT 键可以只抓取鼠标所在的窗口屏幕）；

2. 选择菜单"文件"→"从剪贴板获取"即可，或者直接按快捷键 Ctrl + B。

（五）素材的使用

素材的使用很简单，双击素材库里的缩略图即可。

素材会自动放在一个新图层上（请注意图层管理器里的变化），素材的初始位置总是在图像的左上角。

选中左侧工具栏里的移动工具 , 拖拽鼠标移动素材。

选中左侧工具栏里的变形工具 , 拖拽控制点改变素材的大小或旋转它。

选中左侧工具栏里的残像工具 , 拖拽鼠标添加残像。

素材其实就是普通的图层，所有图像特效都可以应用其上，例如："柔化边缘"、"加阴影"、"飞溅"、"漩涡"等效果。

（六）自定义素材、纹理、印章

菜单"工具"→"打开素材目录"，把准备的素材文件放入相应的目录即可。

各目录用途如下：

texture 存放 使用的纹理。

stamp 存放 使用的印章。

shape 存放 使用的形状。

material 存放"素材库"，其下的每一个目录对应素材库上的一个标签。

（七）批量加水印

易笔易画（PhoXo）提供了非常强大的特效字功能，可以用来生成漂亮的文字水印。

1. 菜单"文件"→"新建"，设置宽和高；

2. 在图像上点鼠标右键，选择弹出菜单中的"剪切"；

3. 添加文字；

4. 菜单"工具"→"批量加水印"，我们刚才制作的文字就会出现在水印框中。

在第三步做完文字水印后，也可以把它保存为带透明的 PNG 文件，方便以后使用。

二、电脑自带的画图工具

有的时候我们需要修改图片的属性，这时候我们又没有必要下载什么图片处理工具，就可以利用电脑自带的画图工具修改图片的基本属性。很多人可能都没有注意到电脑自带的工具——画图，它不单单有画画功能，还可以对图片做简单修改。

（一）方法 / 步骤

1. 为了便于比较，我们首先来看一下没有修改前的图片属性，格式为 JPEG 格式，大小为 1680×1050。

2. 我们现在开始修改工作，打开画图工具，我们可以通过按下"Windows"键，在最下方的编辑框中输入"画图"，就可以找到画图工具。

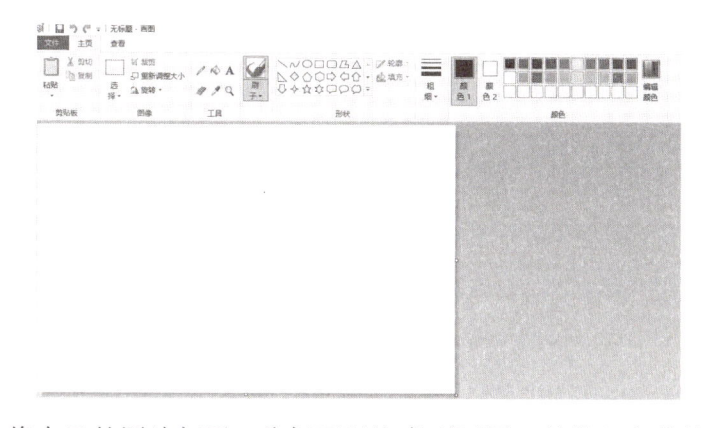

3. 将自己的图片打开，我们可以注意到画图工具的上方菜单栏中有"重新调整大小"选项，单击该选项，弹出"调整大小和扭曲"对话框，我们就可以在这里进行大小的调整了。注意调整的方式有依据百分比与像素两种，这里以依据像素调整大小为例。

4. 选择依据像素来修改大小，我们注意到有一个保持纵横比选项，它的意思就是在修改大小时，图片的长宽比例不变。如果要改变比例的话，去掉该选项前的对钩就行。修改好后点击确定。

5. 现在来修改图片的格式。点击画图工具菜单栏左上方带有向下三角形的按钮，将光标移动到"另存为"选项，我们就可以看到可以选择的格式了，这里以 PNG 格式为例。

6.设置好保存路径后，打开修改后的图片，查看"属性"就可发现图片的格式已改为PNG，大小也改为了680×425。

7.注意事项。

我们还可以右击图片，选择"打开方式"，用"画图"工具打开图片。

一个新软件的学习过程必定是长期练习的过程，在了解完上述软件的操作技巧后，赶快找张照片来实验一下吧！

大伽语录

1.只有美的交流，才能使社会团结，正因它关联到一切人都共同的东西。

——奥地利画家　埃贡·席勒

2.美是不凭借概念而普遍让人愉快的。

——德国哲学家　康德

第四节　电脑管家：让电脑不拖后腿

网络小故事

小云是个电脑"小白"，平时爱用电脑随意下载各种软件和视频，她看过的电影也一直存在电脑中，从不删除。渐渐地，她发现自己电脑的开机时间越来越长，有时甚至达到了两三分钟，而电脑刚买回来时只需十几秒就能开机了。并且，在使用过程中，电脑也变得十分卡顿，操作不畅。打开一个软件要耗费好几分钟。浏览器多点击几个网页后就会崩溃。最麻烦的是 Word 文档，有时候正写着东西，Word 就突然停止工作了。

小云猜测，自己的电脑很有可能中了病毒，但尝试杀毒后却并没有发现所谓的病毒，卡顿的问题依然存在。束手无策的小云请来了同学小星，小星对电脑进行一番检查后发现，小云电脑变慢的原因极有可能是软件安装过多，以及未对系统垃圾进行清理造成的。小星告诉小云，可以下载电脑管家解决这一问题。

电脑还有管家吗？小云听了十分不解。在小星的帮助下，电脑管家很快安装成功，并且开始进行垃圾清理。结果出来后，两人大吃一惊，系统垃圾竟然超过了十几个 G。随后，小星又对小云安装的软件进行清理，根据电脑管家的指示，卸载了好几款小云很久都未使用过的软件。

在经历一番"大扫除"后，小云的电脑终于顺畅了不少。她也渐渐学会了让电脑管家随时"照顾"自己的电脑了。

电脑是我们学习和生活的好助手，但同样也需要我们的细心呵护。作为电脑初学者，我们可能不能像电脑高手一样，在使用中处处留意保护电脑，但我们可以借助电脑管家这类软件，帮助我们预防各种电脑问题。

网络解码器

如何让自己的电脑免受卡顿是困扰不少电脑新手的难题。电脑管家便能扮演"管家"角色，不仅可以更方便用户使用电脑，更能进行有效的智能修复和保护电脑安全。对于新手而言，电脑管家不可或缺，它可以大大提高我们的学习效率。

一款好的电脑管家可以帮助用户更方便快捷地使用电脑。电脑管家是集多种功能于一体的，一款熟悉好用的电脑管家相当于一个免费的助手，能帮助用户更简单地进行软件安装操作。同时，电脑管家还方便用户对电脑中已安装的软件进行一键升级和卸载。有的电脑管家软件还可以在电脑出现问题时，利用人工服务或者电脑诊所来解决问题。

目前国内使用比较普遍的有三款电脑管家软件——腾讯电脑管家、百度电脑管家、360安全卫士。腾讯电脑管家全球首创二合一功能，拥有云查杀木马、系统加速、漏洞修复、实时防护、网速保护、电脑诊所、健康小助手等功能，并具备强大的广告过滤功能。百度电脑管家新推出的体验版本，拥有强大的智

能维护安静无骚扰功能，集合了电脑加速、木马查杀、系统清理及软件管理功能。360 安全卫士独创木马防火墙，拥有侦测和云端鉴别功能、在线专家门诊及娱乐功能等。这三款电脑管家都具有操作简单、功能强大的特点，便于初学者使用。

值得注意的是，在使用电脑管家软件时，我们一定要明确，电脑管家虽然很智能，但有时也没办法分辨一些复杂问题，如果处理不得当还有可能造成误删软件和文件的"悲剧"。因此，我们对这类软件的使用要慎重，并且一定要养成购买正版软件的习惯，在软件安装时还要留意给出的每一个选项是否对自己有必要，因为有些电脑管家会在安装时携带一些软件，一不小心，我们极有可能在安装电脑管家时安装一些无用软件，这反而会给系统带来新的负担。

电脑管家其实就像电脑的医生，帮助我们预防和处理电脑的一些常见问题。但是，我们不能过分依赖电脑管家，仗着有电脑管家的管理就胡乱使用电脑。保护电脑最好的办法还是养成正确的使用习惯，如不安装盗版软件、不浏览不正常的网页、不下载不正常的网页中的内容，在电脑卡慢时及时进行杀毒和清理，保持机械硬盘每周优化碎片。总之，多学习掌握管理电脑的知识，搭配使用电脑管家，才是让电脑保持最佳状态的正确办法。

百度

全球最大的中文搜索引擎。1999 年底，身在美国硅谷的李彦宏毅然辞掉硅谷的高薪工作，携搜索引擎专利技术，于 2000 年 1 月 1 日在中关村创建了百度公司。"百度"二字，来自南宋词人辛弃疾的一句词：众里寻他千百度。

网络金点子

上文中提到了腾讯电脑管家、百度电脑管家、360 安全卫士这三款电脑管家，下面以腾讯电脑管家为例，教授大家如何具体使用电脑管家。

1. 扫描木马

腾讯电脑管家提供了三种扫描方式：快速扫描、全盘扫描、自定义扫描。我们需要点击腾讯电脑管家的"查杀木马"选项卡，根据需要的扫描方式点击"扫描"按钮即可开始查杀木马。

在三种扫描方式中，快速扫描的速度是最快的，只需短短一两分钟时间，QQ电脑管家就能对电脑系统中最容易受木马侵袭的关键位置进行扫描。

如果想彻底地检查系统，则可以选择扫描最彻底的"全盘扫描"，腾讯电脑管家将对系统中的每一个文件进行彻底检查。花费的时间由硬盘的大小以及文件的多少决定。

我们还可以通过"自定义扫描"设定需要扫描的位置，只需要在弹出的扫描位置选项框中进行勾选，再点击"开始扫描"，腾讯电脑管家就会按照相应的设置开始进行扫描。

2. 清除木马病毒

当扫描出木马病毒时，腾讯电脑管家已经勾选了所有木马病毒，我们只需要点击"立即处理"，即可轻松清除所有的木马病毒。有些木马病毒需要重启计算机才能彻底清除。

3. 清除木马病毒时误删正常软件之后的操作

腾讯电脑管家严格控制木马病毒的检测，采用的是误报率极低的云查杀技术，确保扫描出来的结果一定是准确的。而且为了确保万无一失，腾讯电脑管家默认采取可恢复的隔离方式清除木马，如果发现已清除的"木马"是正常的文件，我们还可以通过隔离区进行恢复。

我们可以点击查杀木马标签页右上角的"隔离区"，在列表中选中想要恢复的文件，再点击"恢复"按钮，即可轻松恢复被误删除的文件。

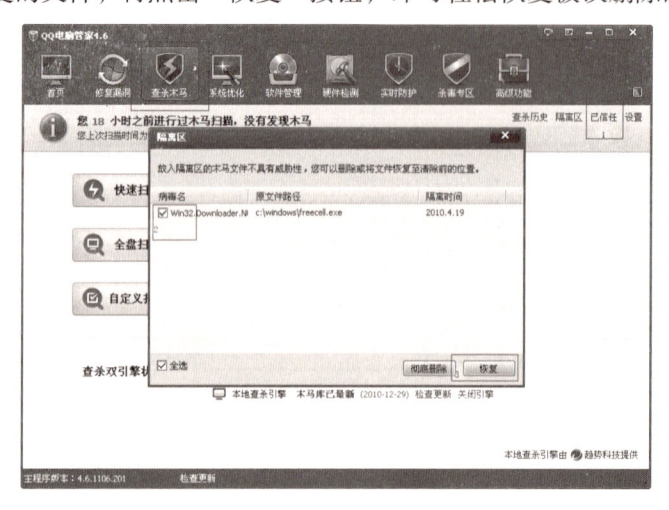

4. 一键优化

点击"一键优化"会根据电脑管家的建议自动调整启动项,点击"立即优化"帮助电脑瞬间加速。

我们可以勾选左下方的"全选",然后点击"立即优化"。

也可以根据每项优化后的可加速时间和优化的百分比选择需要优化的项目,并点击"立即优化"。

优化完成后,如果觉得电脑的速度还需要提升,可以通过"开机时间管理"进一步优化开机速度。

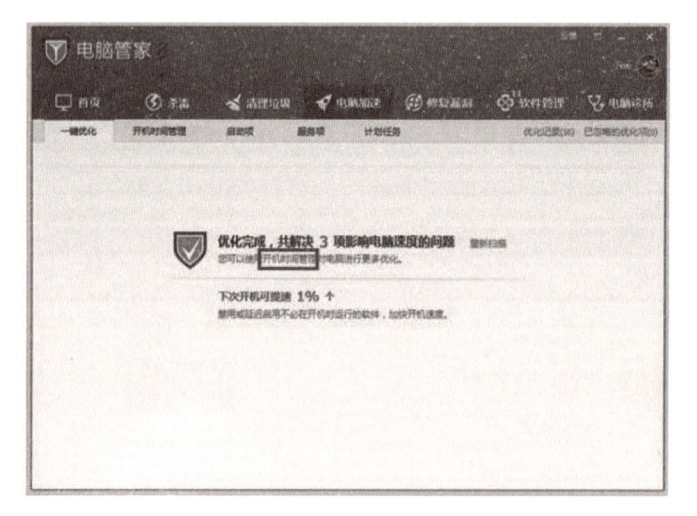

5. 清理电脑垃圾

在使用计算机的过程中，操作系统和应用程序一般都会自动生成临时的文件或信息，如系统和浏览器的临时文件、无效的快捷方式等，这些无用或已失效的文件或注册表信息一般都被称为电脑垃圾。

当日积月累导致电脑垃圾过多的时候，磁盘上可用的空间会减少，电脑运行的速度就会被拖慢，有时甚至会影响系统或其他软件的正常运行。因此，我们最好利用电脑管家定期清理电脑垃圾，释放磁盘空间，提升计算机的运行效率。

在电脑管家主界面上点击"清理垃圾",确认垃圾项被勾选后,点击"开始扫描",扫描完成后点击"立即清理",即可快速、安全地清理掉电脑中的垃圾文件。

6. 系统漏洞

Windows 系统漏洞是指操作系统在开发过程中存在的技术缺陷,这些缺陷可能导致其他用户在未被授权的情况下非法访问或攻击计算机系统。因此,系统开发商一般每月都会发布最新的补丁用以修复新发现的漏洞。目前,电脑管家支持修复 Windows 操作系统漏洞和部分第三方软件漏洞。系统漏洞经常被黑客利用传播恶意程序,必须及时修复系统漏洞才能有效防止黑客入侵。

用户可以进入电脑管家"修复漏洞"模块,进行漏洞扫描和修复。我们可以设置开启自动修复漏洞功能,开启后电脑管家可以在发现高危漏洞(仅包括高危漏洞,不包括其他漏洞)时第一时间自动进行修复,无需用户参与,最大程度保证用户的电脑安全。开启方式如下:进入电脑管家"修复漏洞"模块 –"设置",点击"开启自动修复漏洞"即可。

7. 及时打补丁

补丁具有修复漏洞的重要功能,是保障电脑安全不可或缺的部分,但同时,补丁也是帮助黑客发现漏洞所在并加以利用的重要线索。通过微软公布的漏洞利用数据可以看出,越来越多的漏洞攻击源自针对其发布的补丁的逆向推演，黑客们成功地利用这些漏洞攻击了那些没有及时安装补丁的用户的电脑。从补丁发布到黑客逆向推理出漏洞所在并利用漏洞进行有效攻击，这一间隔期已经从过去的几个月缩短至几周、几天甚至是几个小时。因此，补丁发布后及时安装非常关键。

电脑管家的功能十分丰富，不局限于上述操作技巧。我们可以根据自己的使用习惯，不断探索新的、方便的操作技巧。

大伽语录

1. 管理就是将复杂的问题简单化，将混乱的事情规划化。

——美国通用电气集团前 CEO　杰克·韦尔奇

2. 管理就是决策。

——美国管理学家　赫伯特·西蒙

3. 能用他人智慧去完成自己工作的人是伟大的。

——管理专家　旦恩·皮阿特

第四章 学做网络智慧小达人

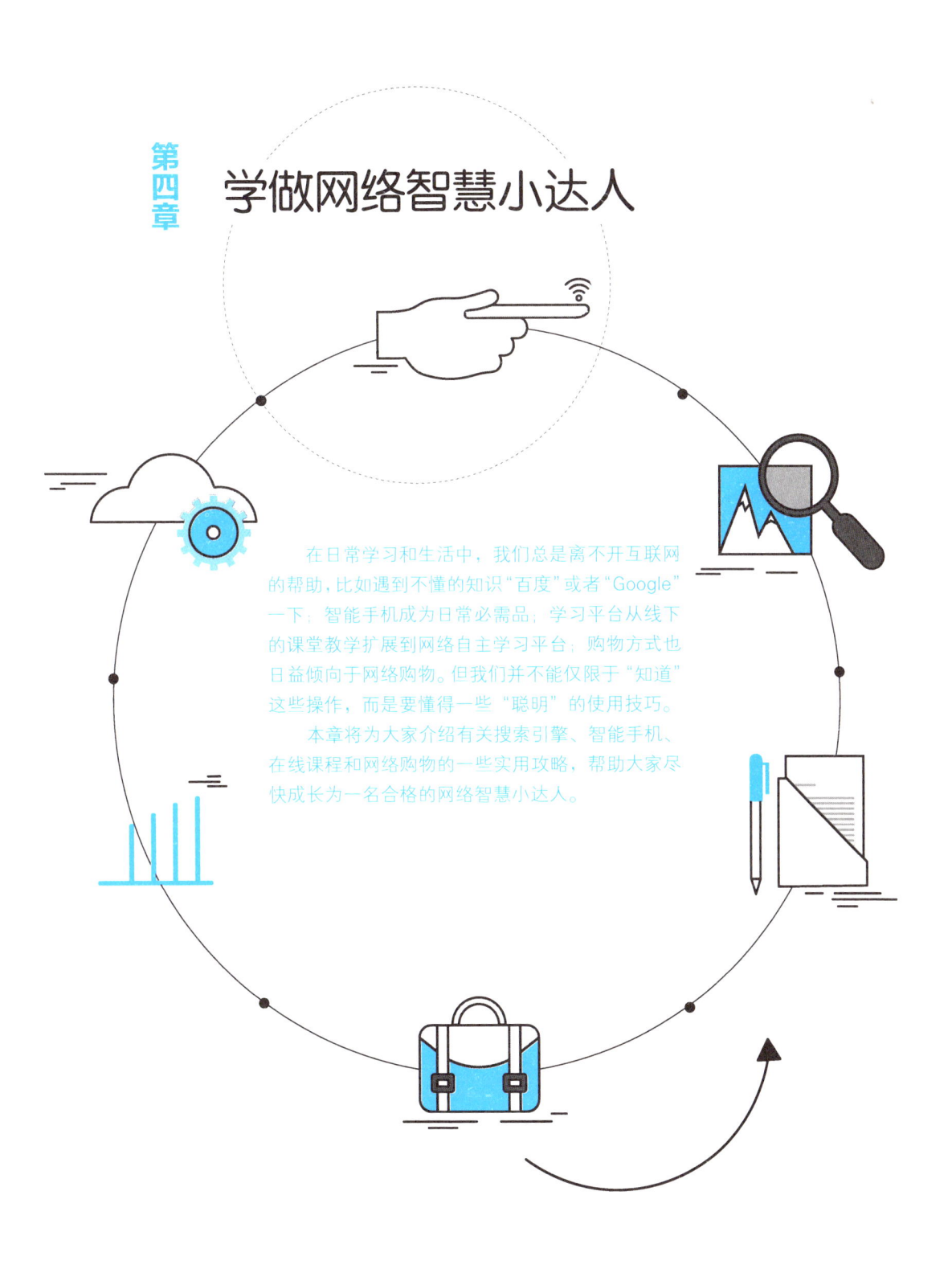

在日常学习和生活中，我们总是离不开互联网的帮助，比如遇到不懂的知识"百度"或者"Google"一下；智能手机成为日常必需品；学习平台从线下的课堂教学扩展到网络自主学习平台；购物方式也日益倾向于网络购物。但我们并不能仅限于"知道"这些操作，而是要懂得一些"聪明"的使用技巧。

本章将为大家介绍有关搜索引擎、智能手机、在线课程和网络购物的一些实用攻略，帮助大家尽快成长为一名合格的网络智慧小达人。

第一节 一起聊聊搜索引擎

网络小故事

小西是一名十分安静的女生,平时放假的时候她都是在家学习、看书,很少使用电脑,对电脑知识知之甚少,但令她未想到的是,有一天她会因为自己不懂得如何正确使用搜索引擎而差点让弟弟受到伤害。

今年暑假的一天,小姨家5岁的表弟到家里来玩,爸爸妈妈嘱咐小西照顾好表弟后便上班去了。小西继续学习,弟弟在客厅玩玩具。一开始弟弟很听话,可是没过多久,弟弟就开始哭闹,无论小西怎么哄也无济于事。当她抱起弟弟时,才发现弟弟的额头烫得惊人。

惊慌失措的小西想给弟弟降温,可是她并不知道怎么降温,爸爸妈妈没有给自己买手机,联系不了他们,于是只有打开电脑进行"百度",可是小西发现自己搜索出来的内容很杂乱,一下子很难找到小西想要的降温的方法,小西看着烧得满脸通红的弟弟内心十分焦急,又因自己的束手无策感到后悔,心想如果当初能好好学习如何使用搜索引擎,今天就能够帮弟弟先降降温了。

小西别无他法,只有一直在

电脑面前搜索着,可是一直没有找到很好的方法,小西感到很伤心……

随着计算机的普及,电脑如今已经融入我们的生活,从网上获取信息已经成为我们生活和学习的一条重要途径。你在生活中是否经常使用电脑进行搜索呢?你了解目前都有哪些热门的搜索引擎吗?你是否也跟故事中的小西一样不会使用搜索技巧吗?

网络解码器

如今,互联网已成为一个资源不断丰富的平台,整个互联网逐渐成为一个信息量超大的资源存储空间。我们只要一上网就离不开搜索。利用好了搜索引擎这个强大的工具,甚至一个普通人也能变得无所不晓。

在复杂的网络世界里我们很容易陷入一个误区,那就是:我所需要的东西都可以通过网络搜索到。我们之所以会有这样的错觉,是因为我们有着很多轻松的搜索经历,比如去淘宝网站上搜索当下的流行服装,到百度搜索当下的热门话题,还有去"百度知道"寻找问题的答案,等等。但是,搜索远远没有那么简单,上面这些只是一些最简单的搜索,而面对某些特定内容的搜索,比如像故事中的小西一样,这些简单搜索就会显得有些力不从心。所以,会搜索并不厉害,要会正确地搜索才算得上"大咖"。

说到这里,那么你知道什么是搜索引擎吗?

简单来讲,搜索引擎就是一个对互联网信息资源进行搜索整理和分类,并储存在网络数据库中供用户查询的系统,包括信息搜集、信息分类、用户查询三部分。从我们使用者的角度看,搜索引擎提供一个包含搜索框的页面，我们在搜索框内输入我们想知道的内容，通过浏览器提交给搜索引擎后，搜索引擎就会返回跟我们输入的内容相关的信息列表。对我们而言，搜索引擎则仅仅是一种查询工具，我们只要了解它的功用、性能，并掌握搜索技巧就行了。

庞大的网络承载着大量的信息，通过使用搜索引擎我们可以准确地找到自己想要的东西，网络搜索引擎在我们的生活中发挥着日益重要的作用。我们应该清楚地认识到搜索引擎带来的好处与坏处。

好处一：网络搜索的丰富性

我们正处在一个信息爆炸的时代，网络上充满了各种不同的信息。如果我们可以很好地利用搜索引擎，那么我们就会获得更加全面、详尽的信息。现在很多的老师和学生都表示，搜索引擎当之无愧是他们工作和学习中完美的助手，他们如今已经很少用上图书馆的方式来查找资料了，直接用搜索引擎就可以得到想要的资料。

好处二：网络搜索的便捷性

网络搜索给我们的生活带来了很大的便利，我们可以不用花时间去逛街，只需要利用搜索引擎在电脑上点几下就可以找到我们想找的物品，而且相同的东西在网上买往往会更便宜。

好处三：网络搜索的服务性

网络搜索已经渗透我们的生活、学习、休闲等方方面面，其服务功能也更加凸显。比如车票的订购、学习资料的查找、休闲娱乐场所的选择等，我们已经更加倾向于在网络上搜索。

尽管网络搜索有很多好处，但是它的弊端也是不能忽视的。

坏处一：容易滋生人的惰性心理

网络搜索在给我们带来好处的同时，也有它的不良影响。因为网络资源的丰富和搜索的自由，以至于有些人在学习中养成了不求甚解、到处抄袭的不良学风。如果我们长期依赖于网络搜索，一遇到问题就想上网搜索，不想动脑筋思考，那一旦离开了搜索引擎，我们的学习必然会受到影响。长此以往，随着这种惰性心理的养成，我们的思维必然退化，这对我们的发展是没有好处的。

坏处二：容易造成虚假信息的传播

网络信息因为来源广泛，所以大多是二手、三手资料，甚至是虚假信息。我们在网络上搜索出来的信息，那些排名在前的并不一定是最好的，它们有可能是商家通过花钱买的排名，其真实性可疑。

坏处三：容易造成个人私密的泄露

我们很多人都很注重对自己隐私的保护，但通过搜索引擎很容易就能搜索到别人的隐私，就算你跟这个人不熟悉，但只要你把这个人的姓名用搜索引擎搜索一下，很快就可以对这个人的学历、经历有个大致的了解，尤其是那些经常使用互联网的人，留在网上的痕迹就更多，搜索引擎这种强大的工具让我们普通人都有可能变成私家侦探。

认识到了搜索引擎的正反两面，我们就要在日常的学习和生活中理性地对待网络搜索。网络搜索是生活中的小工具，可以让我们的生活更加便捷，同时也有可能给我们的生活带来困扰。面对网络搜索，我们不仅要有所了解，更要学会正确地运用技巧，做一名"搜索小达人"。

网络金点子

继互联网的出现之后，搜索引擎是20世纪的又一次技术革新，我们对经常使用的网络可能会陷入一个误区，即搜索引擎只有一个。这个误区是由于我们长期习惯性地使用某一种搜索引擎而导致的。其实，网络上有成百上千种搜索引擎，每一个搜索引擎都有它的特点和长处。下面

我们基于大多数人的网络搜索习惯，简单介绍几种常用的搜索引擎。

综合性搜索引擎

一、百度搜索

百度可以算得上是中国最大的搜索引擎。我们利用百度搜索引擎，可以逛我们感兴趣的帖子，看最新的电影，听好听的音乐，可以搜到世界上最新最全的中文信息。如今的百度发展迅速，但也存在一些问题，由于在搜索过程中过度地插入广告推广，不透明的关键词竞价排名机制，以及各种各样的纠纷事件等而受到大众的指责。

二、谷歌搜索

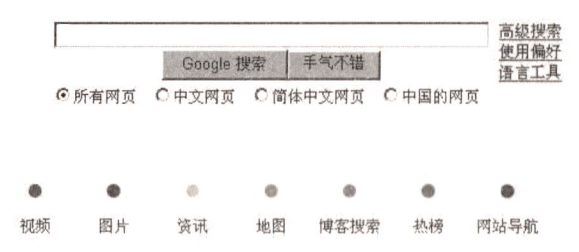

谷歌，可以称得上是全球最大的搜索引擎。谷歌搜索引擎以它简单、干净的页面设计和最有关的搜寻结果赢得了因特网使用者的认同。在搜索结果的版面上，它会提供一些网页排名靠前的网站的次级链接，我们可以不必进入网站主页找出目的链接，而是直接进入正题，这让我们节约了不少时间。

此外，综合性的搜索引擎还有搜狗、必应、Yandex 等。

垂直类搜索引擎

一、网盘搜索引擎

随着现在各类网盘的兴起，很多内容被人们上传到网盘储存起来，网民们现在也习惯于用网盘下载和分享。因此，一些专注于网盘公开资源搜索的工具网站便由此兴起，它们收录各种网站的资源，以便于我们集中查找。

二、BT 种子搜索引擎

BitTorrent 技术使得人人都可以成为上传者和下载者，很多网民之间形成了一个 P2P 节点网络，由此，一批专门针对 BT 种子文件搜索的工具网站诞生，很多的资料在网站上可以被查找和传播。[1]

> **P2P 网络**
>
> 人人为我，我为人人。每一个节点既可以从其他节点得到服务，也能够向其他节点提供服务。

问答社区类搜索引擎

一、知乎

知乎是一个真实的网络问答社区，连接各行各业的精英，社区氛围友好而理性。知乎其实很像一个论坛，人们可以围绕某一感兴趣的话题进行相关的讨论，同时我们还可以关注和我们兴趣一致的人。

[1] 王亚平. 谁动了我的网络资产 [M]. 北京：电子工业出版社，2016.115–116.

二、果壳网

果壳网是主要面向科技青年的社交网站，提供负责任、有智趣的泛科技主题内容。在这里，我们可以关注我们感兴趣的人，阅读他们的推荐，也可以将有意思的内容分享给关注我们的人；依兴趣关注不同的主题站，精准阅读喜欢的内容，并与网友交流；在"果壳问答"里提出困扰我们的科技问题，或提供靠谱的答案。

介绍了这么多的搜索引擎，我想问小伙伴们，你会准确、全面地使用搜索引擎吗？这时候可能很多小伙伴要犹豫了。没关系，下面我们一起来看看如何高效率地进行搜索。

一、双引号（" "）

给要查询的关键词加上双引号，可以实现精确的查询，这种方法要求查询结果要精确匹配，不包括演变形式。例如在搜索引擎的文字框中输入"电传"，它就会返回网页中有"电传"这个关键字的网址，而不会返回诸如"电话传真"之类的网页。

二、使用加号（+）

在关键词的前面使用加号，也就等于告诉搜索引擎该单词必须出现在搜索结果中的网页上，例如，在搜索引擎中输入"+电脑+电话+传真"

就表示要查找的内容必须要同时包含"电脑"、"电话"、"传真"这三个关键词。

三、使用减号（-）

在关键词的前面使用减号，也就意味着在查询结果中不能出现该关键词，例如，在搜索引擎中输入"电视台-中央电视台"，它就表示最后的查询结果中一定不包含"中央电视台"。

四、通配符（* 和？）

通配符包括星号（*）和问号（？），前者表示匹配的数量不受限制，后者表示匹配的字符数要受到限制，主要用在英文搜索引擎中。例如输入"computer*"，就可以找到"computer、computers、computerised、computerized"等单词，而输入"comp?ter"，则只能找到"computer、compater、competer"等单词。

五、使用布尔检索

所谓布尔检索，是指通过标准的布尔逻辑关系来表示关键词与关键词之间逻辑关系的一种查询方法。这种查询方法允许我们输入多个关键词，各个关键词之间的关系可以用逻辑关系词来表示。

and，称为逻辑"与"，用 and 进行连接，表示它所连接的两个词必须同时出现在查询结果中，例如，输入"computer and book"，它要求查询结果中必须同时包含 computer 和 book。

or，称为逻辑"或"，它表示所连接的两个关键词中任意一个出现在查询结果中就可以，例如，输入"computer or book"，就要求查询结果中可以只有 computer，或只有 book，或同时包含 computer 和 book。

not，称为逻辑"非"，它表示所连接的两个关键词中应从第一个关键词中排除第二个关键词，例如输入"automobile not car"，就要求查询的结果中包含 automobile（汽车），但同时不能包含 car（小汽车）。

near n，它表示两个关键词之间的词距不能超过 n 个单词。

在实际的使用过程中，你可以将各种逻辑关系综合运用，灵活搭配，以便进行更加复杂的查询。

六、特殊搜索命令

intitle：是多数搜索引擎都支持的针对网页标题的搜索命令。例如，输入"intitle：家用电器"，表示要搜索标题含有"家用电器"的网页。

大伽语录

1. 真理的大海，让未发现的一切事物躺卧在我的眼前，任我去探寻。

—— 英国科学家　牛顿

2. 遇到难题时，我总是力求寻找巧妙的思路，出奇制胜。

—— 中国科学院院士、化学家　朱清时

3. 如果我们努力去寻找的话，总会有改进的空间在某处等着我们。

—— 美国广告大师　李奥·贝纳

第二节 玩转智能手机的必备攻略

网络小故事

小力最近遇到了一件麻烦事,他发现自己的手机话费无缘无故被扣了几十元,流量也用得极快,一个月过了不到一半就已经收到短信提示说他的流量已经使用完了。另外,他的手机也变得十分卡顿,还经常接到一些骚扰电话,让他不胜其烦。

"我又没怎么用手机上网,流量怎么会跑得那么快呢?平时下载软件什么的,我也是在家里用Wi-Fi下载好的啊!"小力百思不得其解。这部智能手机是上个月父母才给自己买的,而此前,小力用的是只能打电话、接电话和收发短信的老年机,功能单一。智

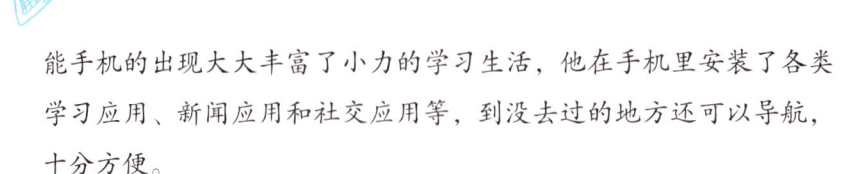

能手机的出现大大丰富了小力的学习生活，他在手机里安装了各类学习应用、新闻应用和社交应用等，到没去过的地方还可以导航，十分方便。

好友小民了解到小力的困惑后，对小力的手机来了一个"全身检查"，终于发现了问题的源头。原来，小力不小心下载了一个盗版软件，正是这个软件在背后偷跑流量，并自动帮小力订阅了一些收费游戏。

帮助小力卸载盗版软件后，小民还指出了小力手机里存在的很多问题："我拿到你的手机后不用解锁，直接就进了手机主页。这是非常危险的。如果是其他人捡到你的手机，你的信息就全暴露了。还有，你手机里安装的应用太多了，但又没有清理软件和杀毒软件，盗版应用很有可能在你的手机里植入病毒，监控你的手机。至于骚扰电话，你没有设置骚扰拦截，经常接到骚扰电话就不足为怪了。"

小民的一番话让小力醍醐灌顶，他怎么也没想到，智能手机的使用还有如此大的"学问"，看来要立即"恶补"一下使用智能手机的必备攻略了。

随着科技的发展，智能手机已经逐渐走入我们每个人的生活，但对于没有掌握智能手机使用技巧的同学而言，每天陪伴自己的智能手机很有可能是"最熟悉的陌生人"，带给我们的也不仅仅是便利，还潜藏着消费欺骗和隐私泄露等问题。你真的会用你的智能手机吗？

网络解码器

随着手机功能的丰富以及移动互联网的快速发展，手机早已从那个单纯的通话设备变成了强大的"瑞士军刀"。学习之余用手机播放个音乐视频、拍个照片或是看看新闻早已不是什么新鲜事，就在这不经意间，智能手机已然取代了我们身边很多常用的电子设备。那么，什么是智能手机呢？

智能手机，是指像个人电脑一样，具有独立的操作系统、独立的运行空间，可以由用户自行安装软件、游戏、导航等第三方服务商提供的程序，并可以通过移动通信网络来实现无线网络接入的手机类型的总称。智能手机是由掌上电脑（Pocket Personal Computer, PPC）演变而来的。最早的掌上电脑并不具备手机通话功能，但是随着用户对掌上电脑的个人信息处理功能的依赖增加，又不习惯于随时都携带手机和PPC两个设备，所以厂商将掌上电脑的系统"移植"到了手机中，于是才出现了智能手机这个概念。智能手机对我们的学习和生活方式的改变可以说是革命性的。[1]

第一，改变了我们的出行方式。智能手机一般都内置有全球定位系统GPS芯片，可以随时跟踪定位，地图类软件还提供了搜索地址、查阅路线、电子罗盘导航等丰富功能，和朋友约定地点会面时如果出现找不到路的情况，可以直接通过微信等即时通信工具共享自己的地理位置。另外，智能手机的出现还引发了打车软件的兴起，我们可以借助滴滴等应用，提前叫好车，便捷出行。

第二，改变了我们的用餐方式。过去，我们出去吃饭总是会陷入一种"选择困难症"，不知道吃什么，也不知道哪家餐馆的饭菜可口，想尝试新鲜菜品又怕不合口味浪费钱。然而，随着点评类App的出现，这些问题都迎刃而解。我们可以通过点评类App查询到附近的高评分餐厅，网友们的各种"吃后感"和菜品推荐能够为我们"排除地雷"。一些商家为吸引人气，推出团购、代金券等活动，用完餐随手团购一下已经成为很多人的一种生活方式。对于喜欢宅在家里的人而言，点餐类App的出现可以极大地满足他们足不出户就可享用美食的愿望，只需要用手指点点就可以下订单，之后在家等待送餐上门就好了。

> **移动支付**
>
> 以手机为载体，通过与终端读写器近距离识别进行的信息交互，运营商可以将移动通信卡、公交卡、地铁卡、银行卡等各类信息整合到以手机为平台的载体中。

---

[1] 参考百度百科：http://baike.baidu.com/item/%E6%99%BA%E8%83%BD%E6%89%8B%E6%9C%BA

第三，改变了我们的社交方式。 手机 QQ、手机微信等即时通信应用的普及缩短了人与人之间的距离，智能手机这个几英寸的小屏幕可以轻易将我们与亲朋好友联系起来，在即时通信工具中，我们与朋友的互动变得丰富多样起来，一个表情可以完美诠释我们的内心活动，一个视频可以让身在远方的朋友瞬时出现在眼前，一个红包可以把节日的喜乐气氛渲染到高潮，QQ 生日提醒功能让我们再也不会因忘记朋友的生日而尴尬，QQ 空间、朋友圈等社交平台让我们可以随时随地分享日常生活和心得体会，一个点赞、一个回复都是社交链条在网络中的延伸。

第四，改变了我们的支付方式。 随着微信、支付宝和 Apple Pay、Android Pay 的普及，移动支付已经成为一种新兴的支付方式。在移动支付中，我们只需通过扫描二维码等方式来完成支付，整个过程完全不受时间和地点的限制，而且交易安全、迅捷。在移动支付发展的潮流下，我们再也不用拿着沉甸甸的钱包出门，不用担心没有零钱或现金不够用，不用四处寻找 ATM 机取款，更不用担忧收到假币不会识别。移动支付提供的流水账单还能帮助我们了解每一笔钱的流向，轻松实现账户管理。

第五，改变了我们的娱乐方式。 智能手机集游戏机、MP3、MP4、电子书阅读器、新闻阅读、照相机等娱乐功能于一身。我们可以随时随地听音乐、看电影，想玩游戏时无需再花大量时间坐在电脑面前，只要在手机内安装自己喜欢的游戏就可以随时畅玩。喜欢的书籍也可以一键下载，在手机屏幕上阅读。新浪微博、新闻类 App 等应用让我们可以了解到最新的国内外消息。此外，随着技术的不断发展，手机的屏幕像素也不断提升，越来越多的手机的照相功能甚至可以媲美专业相机，出去旅游时用手机也可以拍出美美的照片。

第六，改变了我们的学习方式。 在快节奏的生活时代，智能手机不仅仅是通信娱乐工具，只要使用得当它还能成为我们的学习助手。智能手机的便捷性让我们随时随地学习成为可能，在等人、等车甚至上厕所时，我们都可以进行学习，如利用扇贝、百词斩等英语 App 背单词、练听力，这种随时随地的学习方式可以帮助我们有效利用碎片化时间。此外，大量丰富的学习类 App 让我们的学习方式也更加多样化，如电子笔记让我们可以随时随地记录有声和文字的学习笔记，课程表类 App 能帮助我们一键导入课程表，计划安排类 App 可以帮助我们制订学习计划，等等。

可以看出，智能手机给我们的学习和生活带来的改变是无穷尽的，而随着科学的不断发展，智能手机的功能还会不断丰富，过去我们需要用电脑做的事情，现在智能手机可以轻松做到。了解智能手机的使用攻略，是我们走进智能时代的重要一步。

网络金点子

智能手机的普及改善了我们日常的学习和出行，但由于手机保存着我们个人的隐私数据，也容易接收许多良莠不齐的资讯内容，存在着欺骗消费、暴露隐私等问题，下面这些小攻略可以帮助我们更好地使用智能手机。

一、锁屏密码一定不能少

锁屏密码是保护手机隐私的第一道锁，必不可缺。智能手机上的锁屏密码类型丰富多样，常用的主要为图案密码、数字密码和指纹密码。我们在设置图案密码时，应避免使用 M、L、N、Z 等简单、规则的图案，可以将九宫格化为九个数字，按照一定顺序进行设置，如 1-4-8-6-3-5-7-2-9，即从第一个点到第四个点，再到第八个点……而对于数字密码，我们应尽量避免使用顺序数字、电话号码、生日等易破解密码，但可在这些数字上进行一定的运算，在提高安全度的同时也方便记忆。如生日月日数字为0816，可以分别加1、减2、加3、减4，变成1642。

二、巧妙识别山寨应用

山寨应用是指通过盗用正版应用的图标和名称而引人上钩的App应用软件。如果不是正版软件却标有"官方版"字样，普通人难以分辨真伪。山寨应用中常会内含恶意代码、扣费插件，存在着恶意扣费、隐私泄露、诱骗欺诈、偷跑流量、破坏系统等危害。那么，我们应该如何防范呢？首先，可以通过软件大小进行判断。一般来说，山寨应用的大小比较小，只有几百字节。其次，选择权威下载来源。一些山寨App应用多藏身于论坛、社区中，打着免费、方便的旗号引诱用户下载，因此我们下载应用时应尽量选择权威的、下载量大的手机应用市场，并确认应用来源是否为官方发布。同时，手机应用中其他用户的评价和下载量也能帮助我们规避山寨应用，我们应尽量选择评价较高、下载量较大的应用。最后，在安装应用时，我们要特别留意手机权限的开启，一些涉及隐私、支付等的权限要谨慎开放。

> **字节**
>
> 字节（Byte）是计算机信息技术用于计量存储容量的一种计量单位，也表示一些计算机编程语言中的数据类型和语言字符。

三、骚扰电话短信拦截

手机号码是网络生活中最容易泄露，也最容易惹来骚扰麻烦的个人信息。我们在日常生活中应尽量避免向陌生人透露自己的电话号码，如在所谓的商家调查问卷中不要轻易填自己的真实电话号码，在收到快递后记得把个人信息用马克笔抹掉之后再扔掉快递包装。如果经常被骚扰电话干扰，我们可以借助一些骚扰来电拦截应用，如360手机卫士、腾讯手机管家等手机防护软件，它们提供了骚扰电话短信判断拦截功能，这些垃圾电话号码的判断是基于网民提供的"标记"。此外，对于一些陌生来电尤其是异地固话，我们要谨慎接听，也可通过网络搜索该号码是否已被多人举报。

四、备份！备份！备份！

手机备份是将手机内的资料，包括通讯录、短信、通话记录、应用软件、游戏等重要资料进行备份，以防数据丢失。手机备份在日常生活中往往不被人们所重视，然而在手机丢失、更换手机的情况下，不少未对手机进行备份的人追悔莫及。另外，智能手机的储存空间有限，文件数量过多会影响系统的流畅程度，有时候我们会迫不得已删除一些文件。iPhone 手机的备份主要通过 iCloud 来实现。当 iPhone 接入电源、连接 Wi-Fi 并处于闲置状态时，它会自动进行 iCloud 云端备份。安卓手机备份可通过开启应用在线备份功能来进行备份，也可使用"超级备份"、"QQ 同步助手"、"百度云网盘"等手机备份工具。

五、手机遗失后需要做的事

现在手机对于我们而言不仅仅是一台机器而已，更是我们个人信息的承载器，丢失手机后以下几件事我们一定要马上做。

1. 致电运营商挂失手机号，以免亲戚朋友被骗，钱财受损；

2. 致电银行冻结手机网银，以免不法分子盗取钱财；

3. 解绑支付宝，冻结支付宝。只要手机绑定了手机支付，一定要拨打 95188 挂失，以免"被购物"；

4. 登录 110.qq.com 冻结微信账号，避免微信钱包、所绑定银行卡里面的钱被不法分子盗空；

5. 修改微博、微信、QQ 等的密码。避免不法分子通过通信软件向好友进行"借钱"欺诈、发送木马链接等。

除上面介绍的几个小攻略外，智能手机的使用技巧还包括后台运行软件退出、开启 SIM 卡保护锁、手机安全隐私设置、关闭手机定位服务、手机防盗等等，在此就不再做详细介绍了。现在赶紧来对自己的手机进行一轮大探索吧！

大伽语录

1. 谨慎比其余任何智能使用得更频繁。

——英国作家　塞·约翰逊

2. 培育能力的事必须继续不断地去做，又必须随时改善学习方法，提高学习效率，才会成功。

——教育家、作家　叶圣陶

第三节 在线课程：我的网络小老师

网络小故事

小罗和小葛从初中开始就是同班同学，两人成绩不相上下，又考入了同一所高中，成了很好的朋友，经常相约一起上学，共同学习。

两人周末常常相约去学校上自习，可是近来小罗说自己要在家里学习，不去学校学习了。小葛以为小罗只是一时改变了想法，想着应该下周就会回归到"二人自习组"中，可接连几个周末，小罗都没有跟小葛去学校自习。

在不久后的期中考试中，令小葛惊讶的是，小罗这次的排名竟然大幅度上升，排到了前几名。小葛有些惊讶和好奇，便去询问小罗使用了什么学习方法。

"我就是利用周末在家用电脑学习，这可比在学校学习效率高很多"，小罗告诉小葛。可是小葛听后有些茫然，他一脸不解地问："电脑上怎么学习呢？"小罗继续告诉小葛，网上有各个学科的免费课程。接着小罗便手把手地教小葛如何在网上听课，如何看其他老师讲课的视频。小葛这才恍然大悟。

小葛回家后立马尝试了一下在网

上听课的感受，发现效率果然很高，课堂上没有听懂的内容，回家后找到相应的内容再听一遍就把知识点理解了。

此后，两人便经常一起在网上学习，共同进步。

有了网上课程，我们就相当于拥有了免费的全能家庭教师，可以在家学习，特别是一些课堂上没理解的知识，便可以在网上反复学习，直到学会为止。是不是特别方便呢？你知道如何利用网络课堂进行学习吗？一起来看看吧！

网络解码器

网络课程是随着计算机网络的飞速发展而开始盛行的一种新型的教学模式。它丰富了我们的课外学习生活，不仅能让我们学习到课堂上的知识，还能让我们学习到很多课外的知识，甚至还能让我们听到各大名校的名师进行讲课。这对于我们每个人来说，都是一件好事。故事中的小罗就是利用课后在网上听课而提高了成绩，同时也带动了小葛一起听课，可见网上公开课对我们的学习和生活会产生不小的影响。

网络课程学习的模式可以概述为：文字教材自学 + 网络课件学习 + 网上导学 + 网上答疑 + 必要的面授辅导 + 网上讨论 + 小组活动 + 课程作业 + 模拟试题自测 + 学习中心导学辅导 + 集中考试 + 课程终结性考试。

与传统的课堂教学相比，网络课程具有资源的共享性、学习的自主性、课程结构的开放性、学习的协作性等特点。正是由于网络课程的这些优势，让网络学习变得魅力无穷。

一、学习时间和地点随心所欲

只要拥有一台联网的电脑，我们就可以进行网上学习。远程教育可以使我们根据自身的需要灵活安排学习时间，完全突破了传统面授班在学习时间和地点上的种种限制，也避免了来回路途的奔波之苦。在网上学习中，我们自己真正掌握了学习的自主权。

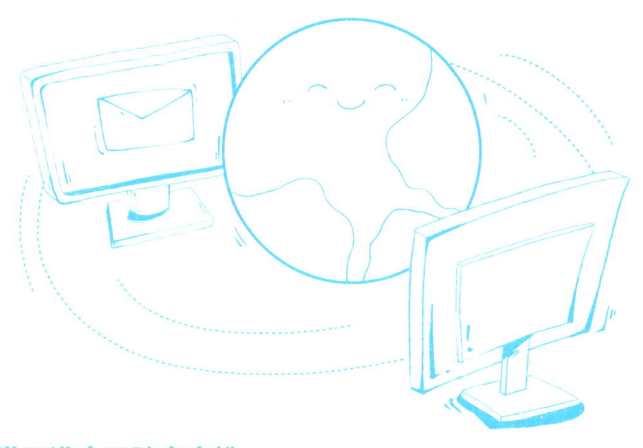

二、学习进度可随意安排

我们每个人的领悟能力和接受课程的难易程度都不一样。有的领悟能力强，学得快一些；有的领悟能力差，学得慢一些。有些章节比较简单，可能一点即通；有些章节难一些，需要反复学习才能掌握。但传统教育在教学进度上是固定化、统一化的，往往很难顾及每个人的学习特点，也不会因为某个学生没有听懂某个章节就把整个课程重新讲一遍。而远程教育的课件是事先做好了放在网上的，想学哪章，想学多久，完全由我们自己掌握，对于熟悉的知识我们可以减少学时甚至不学，而对于自己感到较难理解的知识则可以安排大量的时间，完全不受任何的限制，对于一次听不懂的问题，可以反复听，直到听懂为止。

三、优秀教师资源共享

在传统教育中，由于各地的实际教学条件、教学资源情况千差万别，许多偏远地区的师资严重匮乏、良莠不齐，这些都制约着当地的教育水平向更高层次迈进。而网络教育的优势就是可以把全国的优秀师资汇集到一起，使各个地区的学员都能听到名师讲授的课程，从而提高整体的教育水平。

四、充分的答疑时间

传统教学中学生的答疑和老师的授课时间是混在一起的，讲课的时间多了，答疑的时间必然就会减少。网络教学通过它特有的答疑工具，如答疑板、论坛等，将我们的提问延伸到了课堂之外，不再局限于有限的课堂时间。我们在学习中发现问题时可以随时提问，并在短时间内得到细致的解答，同时还可以查看别人所提到的问题，弥补自己学习中的不足。

五、交流范围扩大

我们在学习过程中的一个关键环节就是交流，这种交流包括我们与老师之间的交流、与同学之间的交流。通过交流，我们可以及时发现问题并解决问题。由于受时间、空间和人员的限制，传统教育中的交流往往局限于一个班上的同学之间。而远程教育则通过答疑板、论坛、聊天室等途径把来自五湖四海的同学连接在一起，为我们提供了更为广阔的交流空间。

六、相关信息共享和反馈的及时性

有时候我们花费很多时间也没能找到自己需要的学习资料，而网络教育在提供在线课程的同时，也提供丰富、翔实的在线资料库。我们只需要输入几个关键字词，就可以在较短时间内搜索到所需的资料，而且有关考试的最新政策、教材的最新变化也可以在第一时间传递到我们面前。

每一样事物都具有两面性，网络课堂在给我们带来便捷和高效的同时也存在着一些缺点。网络课堂由于"太过自由"而使得教学过程缺乏相应的管理，这对于自律能力不强的学生来说，很容易出现放任自流的情况，反而不利于学习成绩的提高。网络学习由原来的面对面教学改成了"声音教学"，可能让某些学生被动接受知识的习惯更加难以改变。但是，事物都是在曲折中发展的，网络课堂在不断地探索前进的道路，我们有理由相信其前景是广阔的，优点会继续得到发扬。

网络金点子

从2010年初开始，一股开放课热潮在中国蔓延开来。网上课堂的兴起，给我们提供了千载难逢的教育机会。那些没能进入名校的学生们可以体验世界一流名师的课堂教学；已经参加工作的人士也能够通过网络课堂进一步学习和充电，不断进行知识更新和增值；没有接受过高等教育的社会人士，也能选择自己感兴趣的课程，提升自己的知识素养和思考能力。网络课堂是一项长期的、惠及全民的教育工程，给教育系统注入了全新的活力。

如今，在线课堂越来越受到我们的喜爱，它让我们能够体验各个名校不同学科的课程，充分地满足了我们的学习需求。那么，网上到底有哪些学习平台呢？

一、学堂在线

学堂在线是一个大规模开放在线课程平台，它面向全球提供在线课程。只要你拥有上网的条件，就可以在网上学习课程视频。学堂在线上面有一些国内外顶尖大学的优质课程，涵盖计算机、经济管理、创业、理学、工程、文学、历史、艺术等多个领域。

二、网易云课堂

网易云课堂是一个大型在线教育服务平台，该平台提供海量的免费优质课程、创新的个性化学习体验、自由开放的交流互动环境。上面的内容涵盖广泛，各种各样的资源应有尽有。

三、网易公开课

网易公开课主要是一些世界级名校的公开课课程，我们可以在线进行免费学习，内容涵盖人文、社会、艺术、科学、金融等领域。

四、多贝公开课

多贝是中国新开的时尚视频公开课网站，有最新的网络公开课课程，是具备在线教学功能的网络教室。在这里，你可以找到好的老师和课程，也可以发布自己的公开课。你还可以标记学习进度，向老师提问，与同学们一起评分、分享笔记。

五、名校网站公开课

如果你的英文很好，还可以直接登录一些名校的网站，如：哈佛大学、加州大学伯克利分校、麻省理工学院、耶鲁大学、卡耐基·梅隆大学、英国公开大学等等，这些都是国际上著名的学校，这些学校的网站上也拥有很多网络公开课的资源。

正所谓"学而不思则罔，思而不学则殆"，我们利用网上公开课、名校直播课简单地听课还远远不够，只有在听课的过程中学会一定的方法，才能高效率地使用网络公开课和网络直播课程，将它们的作用发挥到最大。

一、明确自己听课的目的

其实，学习网络课程的目的无非是三个：1.收集相关的信息；2.学习讲师分析问题的方法和角度；3.学到做事情的具体方法，并能够迅速地运用到生活和工作中。对于不同形式的授课，我们的目的应该有所侧重。我们要明确自己听这门课程的目的，才能最大效率地学习到想要的知识。

二、找到适合自己听课的方法

我们可以首先根据课程的标题整理一下自己的思路，查一下相关的资料。可以先做一个"泛读"，即先听一遍，整理一下知识的框架，看看和自己的认知究竟有哪些差异，然后就它提出的一些专业术语进行查阅，把句子捋顺。最后再看一遍（精读），到每个章节不懂的地方，停住，然后提问（自己提出一些问题），并在看完课程后尝试解决。如果解决不了，就再去上网查询更多的资料。

三、学会总结

要从网络课程中真正汲取养分，就要学会将网上授课者的知识和观点变成自己的。首先我们要融入案例，先对号入座，看与自己学习的内容有什么样的关联；然后试试从不同的角度去解释，并将过程记录下来，这样就能够将网络课程中所讲的知识融化进自己的知识体系了。

大伽语录

1. 人不光是靠他生来就拥有的一切，而是靠他从学习中所得到的一切来造就自己。

—— 德国思想家、作家　歌德

2. 夫学须志也，才须学也。非学无以广才，非志无以成学。

—— 政治家、军事家　诸葛亮

3. 知识有如人体血液一样的宝贵。人缺少了血液，身体就要衰弱；人缺少了知识，头脑就要枯竭。

—— 科学家、科普作家　高士其

第四节　学会网购，足不出户就能买

网络小故事

小蓉和大多数女生一样，喜欢逛街买东西。这个周末，她又和妈妈一同去了商场，开始逛自己最喜欢的服装店和文具店。和平时不同的是，小蓉这次逛街并没有东挑西拣，而是仿佛有目的性一般在服装店里快速搜索，但一连逛了好几个商场她都没有选到心仪的衣服，一双脚反而走得酸痛。

小蓉意兴阑珊的样子引起了妈妈的注意，她询问了缘由才知道，原来，小蓉之前在路上看到有个女生穿了一条十分美丽的蝴蝶结连衣裙，款式和花色她都很喜欢，想来商场看看有没有同款，可把附近的商场都逛完了也没有找到。"兴许人家是在外地买的呢，那我

可没办法了。"小蓉失望地说。

听完小蓉的话,妈妈笑了起来:"有个地方一定买得到,我带你去买!"正当小蓉以为妈妈要带自己去某个新商场时,妈妈却带她回到了家,并打开了电脑,输入了一个网址。

妈妈让小蓉将裙子的特征进行了详细描述,并在网站搜索栏中输入了"连衣裙"、"蝴蝶结"等关键词,页面顿时显示出各式各样的连衣裙,其中刚好有小蓉喜欢的款式,价格比想象中的还要便宜。妈妈对几家店铺的商品进行了对比,并查看了评论,最终选定了一家各方面评价都不错的店铺进行购买。

在妈妈的指导下,小蓉渐渐学会了网络购物。她这才知道,原来网络还是一个巨大的商场,应有尽有,不仅便宜还省时省力,但她同时也发现,要做一名合格的"网络购物者"并不容易,一不留意就会买到劣质产品,甚至还有可能遭遇网购骗局。

作为一种新兴的生活方式和生活理念,网上购物已经融入我们的生活,我们足不出户就可以买到自己心仪的商品,节省了大量的时间和精力。可以说,网购已经成为互联网时代必备的一项生存技能。你会网购吗?你在网购过程中遇到过什么困惑吗?

网络解码器

电子商务的兴起给人们的生活方式带来了翻天覆地的变化。作为一种新兴的消费潮流,网购已经进入寻常百姓家,成为日常生活中最为普通的事。这种足不出户就可购尽天下物的购物模式给我们的生活带来了数不尽的便利。与传统购物相比,网购究竟有哪些优势呢?

第一、突破了时空限制。过去,我们购买商品只能通过商店购买,还必须在商店营业时间内才能选购商品,购买一些外地商品则需要耗费大量的时间成本和金钱成本。网购突破了时间和空间的限制,我们可以在家"逛商店",也可利用手机随时随地购物,订货不受时间、地点的限制,很多网店的客服都是24小时在线,可以随时询问。故事中的小

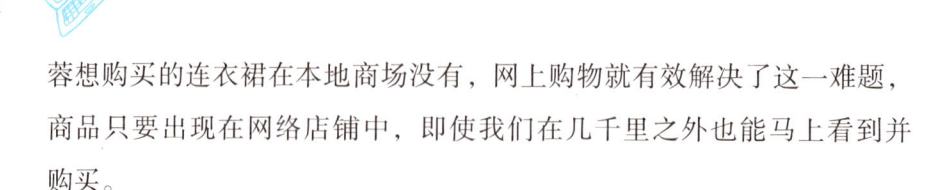

蓉想购买的连衣裙在本地商场没有，网上购物就有效解决了这一难题，商品只要出现在网络店铺中，即使我们在几千里之外也能马上看到并购买。

第二、商品信息和渠道丰富，可以轻松实现货比三家。在传统购物中，我们想要货比三家需要在很多商店中进行筛选，不仅耗费时间和精力，而且在同一家商店反复进出，对比商品信息，还容易引发导购员的不满。在网购中，商品的呈现方式更加直观，商品信息中有详细的说明，我们可以同时打开多个网页，对多个店铺中的同一类商品的价格、功能和质量等多方面进行比较，最终择优选择。

第三、节省时间和精力。在传统购物中，我们通常拎着大包小包，从这个商场逛到那个商场，购物过程十分疲劳。而在网购中，我们从选购商品、下单到收货无需亲临现场，还可选择送货上门的服务。查找商品也免去了双脚的奔波，我们可以在网上店铺中直接搜索商品名称，也可根据导航栏中的商品分类进行选购，大大节省了寻找时间。

第四、网购的商品物美价廉。实体店因租赁店铺、招聘雇员、仓库存储等因素，成本远远高于网络店铺，因此商品性价比通常比不上网上售卖的商品。而且，在网上购物还可以享受到比实体店更多的优惠活动，如一些店铺为吸引人气，开展力度比实体店还大的促销宣传活动，给顾客发送优惠券、赠送礼品等等。

第五、购物环境自由。商场中的导购员通常会在我们购物的过程中推销各种商品，影响我们的购买决策，部分同学常常在导购员的热情攻势之下陷入"买不买"的尴尬。但在网络上购物时，我们可以自由把控，不用理会别人的感受，而且也不容易被他人干扰，想怎么看、怎么挑、怎么买都是我们自己的事，购物环境十分自由。

网购给我们带来了极大的便利，但它也同样存在着一些不可避免的劣势。

第一、实物和照片上的差距有时太大。我们在网络上挑选商品时只能凭借图片或视频进行判断，而店家的"美工"通常会进行一定的加工，让商品更具吸引力，电脑显示屏的不同还会让图片颜色和实物颜色不一致，视频也同样有失真的可能。当我们真正收到货物时，极有可能发现实物与网店图片和视频里呈现的不一样，如色差过大，布料不舒适，并且一些衣服和鞋子之类的商品也不能从图片上或视频里直接看出是否适合自己，购买后如果上身效果不理想，就会出现"卖家秀"和"买家秀"差距过大的尴尬。

第二、商品质量难保证。由于网上销售进入门槛低以及当前对网络购物的监管难度大，一些假冒伪劣产品也混杂在其中。如一些所谓的海购商铺，打着在海外代购的幌子，售卖低价的假冒商品，这些进口商品因在国内专柜较少，买家了解不多，非常容易混淆视听，引诱消费者上当受骗。

第三、网络支付不安全。网上购物时需要用到网络银行，我们通常会被要求绑定自己的银行卡，但如果电脑中存在盗号木马，就很容易造成账号丢失、钱财损失等情况。

第四、容易遭遇网购诈骗陷阱。一些不法分子利用网购行骗。如假冒网店售后人员致电消费者，声称其近期购买的商品存在质量问题承诺主动给予退款或赔偿，随后会要求消费者按照其指示进行操作接收退款，而实际上却是引导消费者将钱财转给自己。

第五、配送的问题。与实体店的购买即到手不同，我们在网上购买的商品并不能马上收到，还需经过配送环节，快则一两天，慢则要一个星期或更久，有时候，配送过程中还存在商品丢失或破损等风险。

第六、消费维权取证难。由于网上交易多为跨省市的异地交易，一些所谓的网络公司的名称、售卖人、地址、电话和门牌号码等信息均是虚假的，这给举报受理和查处带来了困难，消费者的损失也难以被追回。

网络金点子

网购让我们的生活处处充满了便利，但如果不合理使用也容易掉进网购陷阱之中。做一名合格的"网购小达人"可并非一件易事，下面就让我们一起来学习一下网购的流程，掌握一些网购小技巧和网购注意事项吧。

一、网购流程

1. 注册账号，挑选商品

首先我们要选择一个网络购物平台进行注册，并填写好准确详细的地址和联系方式。比较热门的网购平台除淘宝和天猫外，还有京东、聚美优品、唯品会、苏宁易购、当当网等等，注册账号后我们可以根据商品的人气、销量、信用等级、价格等在网站中挑选心仪的商品。看中的商品可以先加入购物车存放，经过对多家网络商店进行对比后做出判断。如果购买期间对商品信息有疑问，可以与卖家进行交流。在确定购买后，选择商品的型号和数量，最后进行网上支付。

2. 网上支付

要注意的是，开通网上银行有年龄限制。未独立开通网银的同学可以请父母代为支付；已满18周岁的同学只需持有效身份证件到银行即可办理开通网银。

3. 查看物流信息，确认收货或退换货物

付款后，我们可以在订单状态中查看自己购买的商品是否已发货以及物流信息等。收到商品后我们要进行验货，主要是检查商品是否与描述相符、是否有破损、是否漏发等等，如果一切满意我们就可以确认收货并填写评价了。但如果商品有质量问题或者不适合自己我们可以申请退换货，申请前需要与卖家沟通，若协商一致，再根据系统提示退回货物；过程中如与卖家有不能解决的矛盾可申请淘宝官方客服介入处理。

二、网购小技巧

1. 进店后先看店铺资金以及信誉度。店铺资金过低、信誉很差的店铺，通常服务态度及售后态度较差，或者物流过慢，快件丢失率高，或者商品与描述相差过大，商品质量不合格等。

2. 看既往购物者们评论的时间。快速翻看既往购物者们评论生成的时间，如果评论者大多是匿名评论，且评论的时间前后相差不远，这样的评论极有可能是商家请"水军"在帮忙刷单，其所售的商品质量值得存疑。

3. 看评论内容及上传的实物图。这是我们在网上挑选商品时必不可少的一步。首先，我们要看店铺的好评和差评数量。如果一件商品的差评很多，就选择到其他商店购买；当好评多于差评时，我们可以看买家的追加评论，看经过一段时间检验后的商品是否仍然令人满意。另外，我们还需要看既往购物者们上传的图片，可以放大图片看细节，与买家描述进行对比。此外，如果一家商店的买家秀图片摆拍痕迹严重，也要谨慎购买。

4. 购买运费险。运费险通常几毛钱到一块多不等，如果对所购商品质量缺乏信心，我们可以购买运费险，当收到商品后不满意，需要退回时，平台会赔付我们退回商品产生的运费。

5. 部分商品可以通过返现网进行购买。返现网作为第三方与某品牌网站合作，只要有买家从返现网进入该品牌网站购物，该品牌网就要给返现网佣金，而返现网会将所得佣金的大部分返还给买家，通过这种方法购物可以省下不少钱。

三、网上购物的注意事项

1. 不要选择网吧等公共场所进行网购。自己的电脑要安装杀毒软件，在交易环境安全时才能进行网络交易。

2. 注意完整保存有关的电子交易单据，并注意核对货品是否与所订商品一致，有无质量保证书、保修凭证等，以利于维权。

3. 抵制低价诱惑。如果商品以市场价的半价甚至更低价格出现，就

要提高警惕，这极有可能是假冒伪劣商品。

4. 支付时只接受货到付款或安全的第三方支付方式，不要通过其他链接输入自己的支付密码。 手机上收到的支付验证码也一定不能泄露给他人。

"纸上得来终觉浅，绝知此事要躬行。"网上购物涉及的环节众多，需要我们在实践操作中多探索、多总结，学会掌握网购的一些小技巧，我们就可以足不出户，轻轻松松购买所需物品了。但我们要牢记的是，网上商品丰富，极易刺激我们的消费欲望，容易让人沉迷其中，我们要懂得，家长的钱来之不易，购物时一定要选择自己真正需要的商品，理性网购。

大伽语录

1. 正直的人厉行节约，注意细水长流，不会大手大脚、胡支乱花。他绝不会沦落到打肿脸充胖子或借债度日的地步。

——英国作家　塞缪尔·斯迈尔斯

2. 认为节俭是一种不漂亮的行为的人是最荒唐无稽的。

——爱尔兰作家　萧伯纳

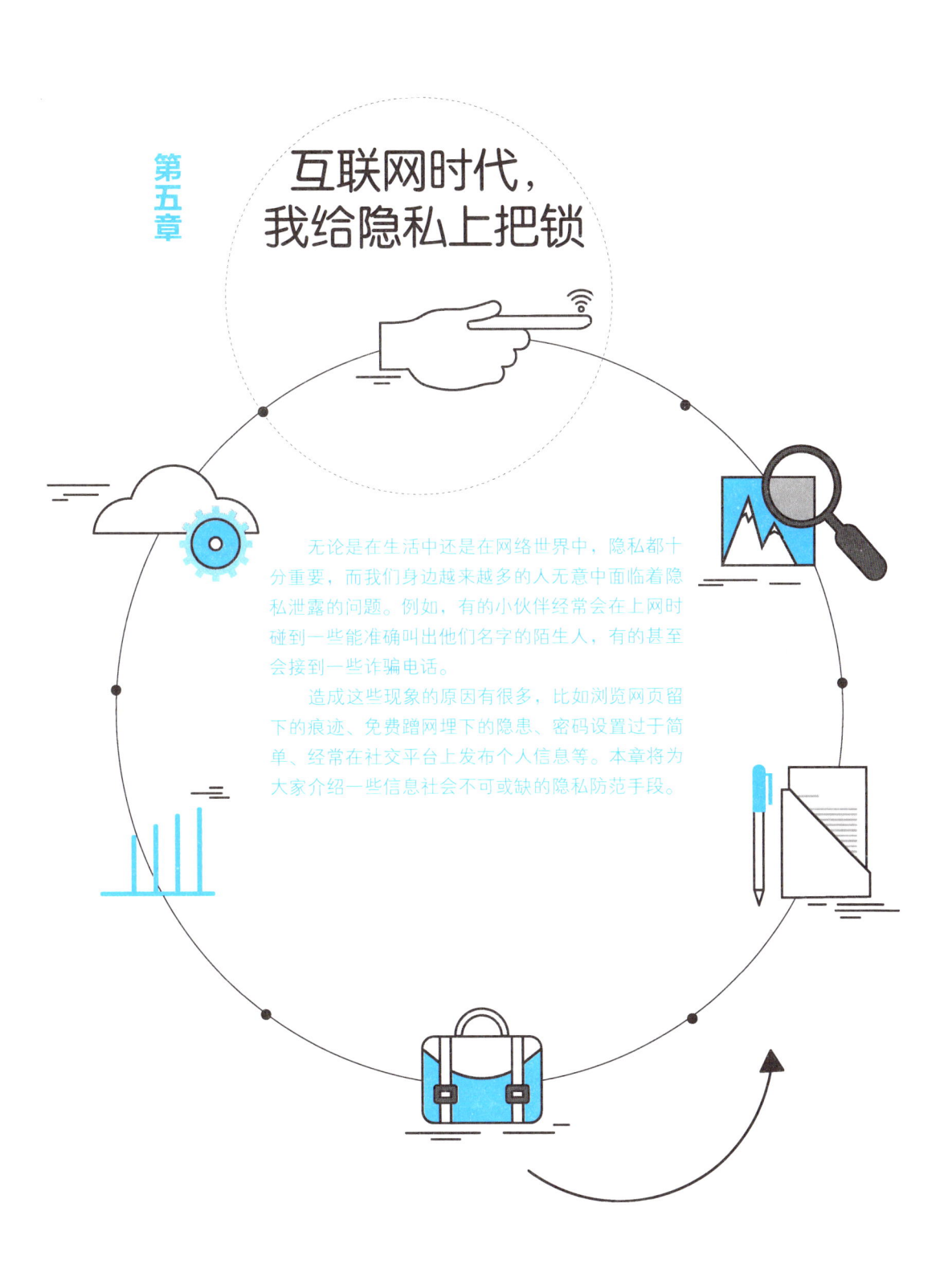

第五章
互联网时代，
我给隐私上把锁

无论是在生活中还是在网络世界中，隐私都十分重要，而我们身边越来越多的人无意中面临着隐私泄露的问题。例如，有的小伙伴经常会在上网时碰到一些能准确叫出他们名字的陌生人，有的甚至会接到一些诈骗电话。

造成这些现象的原因有很多，比如浏览网页留下的痕迹、免费蹭网埋下的隐患、密码设置过于简单、经常在社交平台上发布个人信息等。本章将为大家介绍一些信息社会不可或缺的隐私防范手段。

第一节　上网不留痕，我会网络隐身术

网络小故事

小英今年上高二，是一个斯文乖巧的女生，平日里话不多，经常喜欢自己一个人坐在角落里看书。这学期班上来了一个转校生，是一个高大帅气的男孩，正情窦初开的她被这个帅气的大男孩深深地吸引住了，于是，他便成了小英心里的秘密。

由于小英不善言辞，也不怎么和班上的同学来往，所以没什么朋友，她的小秘密也无人分享，她只有对着网络诉说着自己的秘密。小英每天都会在班上看见这个男孩，对这个男孩的爱慕之心越发强烈，她每天晚上回到家都会在自己的博客上抒写自己的心情，表达自己对男孩的情感。此外，她还经常去这个男孩的博客看看他当天的动态。她有时间还会浏览一些情感网站，期盼着自己和他就是里面的男女主人公。本来一切都那么平静，小英默默地爱慕着这个男孩，她也不打算让男孩知道，只将这个作为自己心里的秘密就好。可是，小英没想到的是她最信任的"倾诉对象"竟然"出卖"了自己。

一个周末，小英如往常一样对着电脑"倾诉"，突然住在旁边小区的同学小马来找自己，说自己家的电脑坏掉了，需要用下小英家的电脑。小英爽快地答应了，并快速关掉了自己的博客。随后小英让小马自己用电脑，小英则去帮妈妈做饭去了。小马在使用电脑的过程中，无意间登上了小英的博客，并发现了小英的秘密，并且还看到了小英电脑的浏览记录，发现了小英经常上的一些网站。

周一，小英走进教室，发现大家看她的表情都很怪异。"你的秘密被发现了，还说你经常上情感网站！"好友悄悄提醒她。小英一向在班级表现斯文乖巧，听到同学的"闲言闲语"，脑子"嗡"地一下炸开了，她也随即成为班级的头号新闻人物。小英万万没有想到，由于自己没有及时清除浏览历史，本属于自己的小秘密竟成为全班同学的笑料，自己简直无地自容。

如今，我们对网络已经非常依赖，网络成了最容易暴露隐私的地方。对于平日里在电脑上操作时留下的痕迹，或许我们都不怎么在意，这些却是最容易暴露我们隐私的地方。你知道这些操作痕迹是如何暴露我们隐私的吗？我们如何才能保证自己的隐私不被他人知道呢？

网络解码器

今天，网络已经和我们的生活密不可分，给我们带来了极大的便利，但也给我们带来了很大的困扰，个人信息泄露的危害已经影响了我们的日常生活。如今的网络世界越来越丰富，但也越来越复杂，我们上网搜索的任何页面、关键词都有可能被"有心人"利用，此时你可能会叹息，

现在网络上一点隐私也没有了。

在生活中，有人在取钱之后将小票撕碎，有人在购物或者加入会员时会考虑到所填写的个人信息的安全。其实取钱、购物、入会这些都不经意间留下了我们的个人信息，而在网络上也有这样的问题——Cookies、浏览痕迹、用户习惯、登录信息、购买记录，或者是不经意间共享的照片，这些"痕迹"都可能成为别人搜索我们的线索，也许不经意间就造成了损失。

事实上，隐私的泄露和我们自己上网时不注重隐私的防范和保护有很大的关系，一个好的隐私防范习惯在现在这个信息化社会还是很有作用的。故事中的小英就是没有注意自己隐私的保护，她在使用电脑后没有及时清除掉自己的操作痕迹，所以让别人偷看到了她的隐私，最终导致班上的同学都知道了自己的隐私。

在上网过程中，我们会在网上留下很多的"足迹"，学会清除掉这些"足迹"对我们的生活有很多的好处，可以防止别人猜到我们的喜好，盗取我们的一些重要账户信息，避开一些不重要的广告推广，最重要的是可以保证我们的一些私密信息不被泄露。在上网后，如果我们不注意隐私保护，没有及时清理自己的上网浏览记录，可能会带来一些不必要的麻烦，甚至产生的后果远非故事中小英的遭遇那么简单，还会有其他一些更为严重的后果。

后果一：重要账号信息、密码被盗用

我们平时的上网信息是可以被某些工具获取的，电脑缓存中可能包含大量隐私信息，如 QQ 账号信息、网银账号密码等。一些不法分子可能会从我们的电脑缓存中盗用我们的重要账号信息和密码去干违法的事情，比如冒充我们的身份去诈骗。

后果二：浏览喜爱被知晓，大量推送类似信息

我们每天在网上冲浪，观看一些网页，浏览的记录就会相应地保存在电脑中，一些商家会通过一些网络技术手段查看我们的浏览记录，一旦了解到我们平时喜欢浏览些什么，就会将类似的信息推送到我们的浏览主页上，当我们打开网页准备查询资料或者学习时，页面上就会充斥一些广告信息，扰乱我们的心思，让我们淹没在这些信息里。

后果三：个人隐私被盗取，遭受各种威胁

我们每个人都会有自己的秘密，有一些东西我们是不愿与人分享的，特别是我们正处于身心快速发育的阶段，有些事情不愿跟人讨论，而更多的时候是喜欢通过网络去了解一些私密的东西，比如浏览一些关于生理发育知识的网页，或者浏览一些情感网站，这些对于我们来说都是隐私性的东西。但是，有些人却从我们平时的一些浏览记录中获得我们的个人隐私并威胁我们。

后果四：垃圾短信、电话、邮件不断

在网络这个虚拟的社会中，我们随时面临着隐私泄露的风险，我们必须小心翼翼地在网络中"生存"，保护好自己的隐私。平时在网络上登录的电话号码、邮箱号码要注意及时清除记录，因为这些包含了我们的个人信息，一些不法机构或者个人会通过专门的软件识别和下载这些信息，信息泄露后，我们每天可能会收到很多劝我们买保险、办信用卡等之类的骚扰短信和电话，给我们的学习和生活带来很大的困扰。

网络金点子

为了使我们上网更方便，电脑会在我们使用特定软件的时候留下该软件的使用记录，这样在下一次使用该软件的时候我们可以快速地找到。但是，这样的功能在为我们提供方便的同时也透露了我们很多的信息。因此，及时清理网上操作的痕迹，对于保护隐私来说有一定的好处。

在现代社会，隐私不仅对成年人来说很重要，而且对于我们青少年

来说同样重要，我们在网络上留下的一些"脚印"，属于我们的个人隐私，不容别人侵犯。我们在使用电脑的过程中应该有所警觉，引起重视，定期清理使用电脑的各种记录，把容易暴露隐私的记录清除掉。如果我们在网上的一些隐私被"有心人"利用，后果将不堪设想。

那么，网络上我们留下的哪些"足迹"可能会暴露我们的个人隐私呢？我们又该如何清理掉这些"历史"呢？我们一起来解答。

历史一：淘宝购物历史

现在很多人都喜欢在淘宝上购物，因为既方便又便宜，但殊不知，我们在淘宝上的一些交易记录也会无意中暴露我们的隐私，因此，我们需要自己定期地清理自己淘宝购物的一些浏览记录。

清理方法：

1. 打开淘宝首页，点击左上角的"亲，请登录"。

2. 接着会跳转到输入账号、密码的地方，在此处输入我们的账号、密码登录。

3. 随后点击上方的"我的淘宝"。

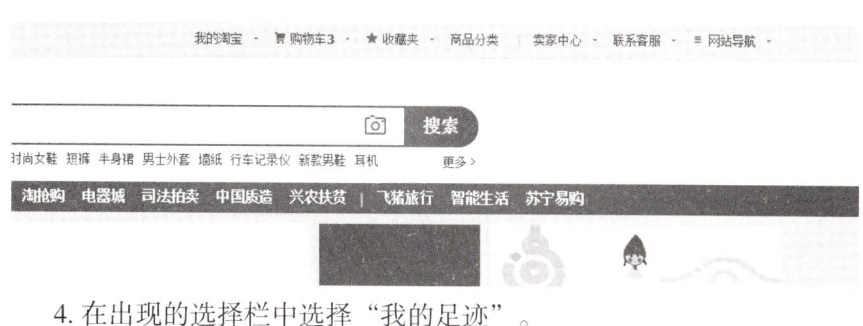

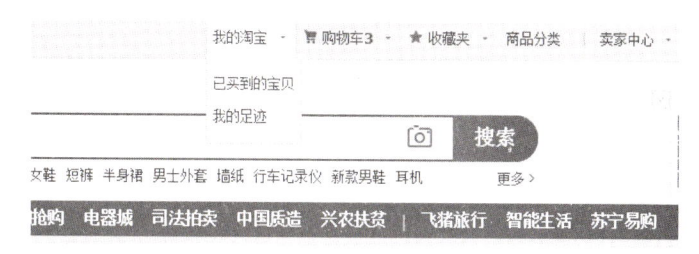

4. 在出现的选择栏中选择"我的足迹"。

5. 在这里，我们就可以看到我们曾经浏览过的商品。

6. 指向一个产品右上方就会出现一个"垃圾桶"，点击"垃圾桶"就可以把它删除掉。

7. 点击右上角的"批量删除"就可以把所有的浏览记录删除。

历史二：个人账号、密码的历史

我们经常会在电脑上登录各种账号，比如 QQ 账号、网站登录账号等，这些账号、密码都事关我们的隐私安全，一旦电脑被盗或者遗失，这些账号就有可能被盗用，所以，我们最好在每次上网结束之前，就在浏览器上清除掉自己的账号和密码。

清理方法（Windows 7 系统）：

第一步，点击"开始"——"运行"。

第二步，在跳出的对话框中输入"control userpasswords2"或输入"control keymgr.dll"，然后点击"确定"。

第三步，在弹出来的窗口中，切换到"高级"选项卡，然后单击"管理密码"按钮，然后移除清空一切存储的密码，点击确定保存即可。

关于彻底清除 Windows 7 系统电脑上存储的用户名和密码的方法就是这些了，有需要的小伙伴可以通过上面的步骤进行操作，相信可以帮助大家解决问题的。

历史三：各种聊天记录历史

我们经常会用 QQ、微信等通信工具和家人、朋友、同学进行聊天，有时候聊天内容会涉及一些隐私，比如银行卡账号及密码、身份证号码、密码、家庭住址、父母电话等等，这些重要信息一旦被不法分子盗用后果将很严重，所以我们要定期清理我们的各种聊天记录，以防被人窥探隐私。

清理方法：

QQ： 1. 先打开 QQ 面板，找到"消息管理器"并单击打开。

2. 在消息管理器的好友分组里，找到需要删除聊天记录的某个好友，然后右击该好友的图标，如图，在右键菜单里选"删除消息记录"，即可删除与该好友聊天的记录。

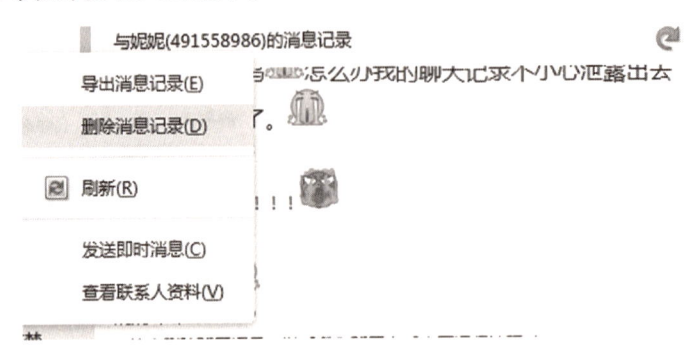

3. 有时候我们不需要全部删除与该好友的记录，只需要删除某些涉及个人私密信息的记录，则单击某个对话，选中后右击，如图，在弹出菜单里选"删除选中记录"，即可删除该对话。

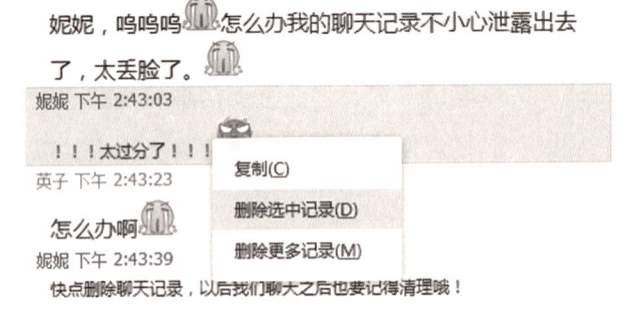

4. 如果要删除与该好友的对话比较多，则可以按时间段来删除。右击该好友的任一对话，在弹出菜单里选"删除更多记录"。

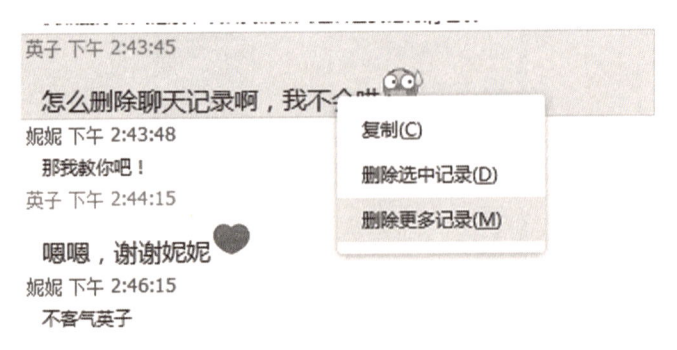

5.接着在弹出的删除操作界面里，有选择地进行删除操作。

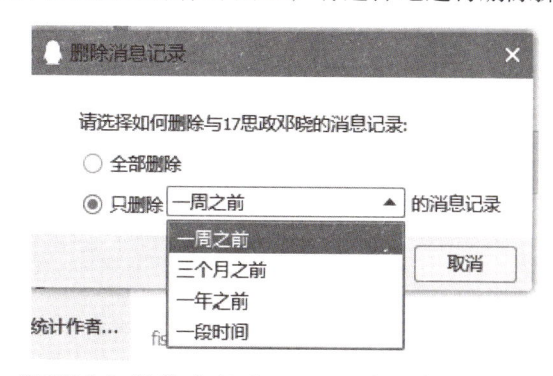

微信：1.需要清空微信全部聊天记录时，先点开"我"，进入菜单后选择"设置"，如图：

2.来到"设置"这里后再点开"聊天"。

3.这个时候点"清空聊天记录"。

4.弹出"将清空所有个人和群的聊天记录"，点"清空"。

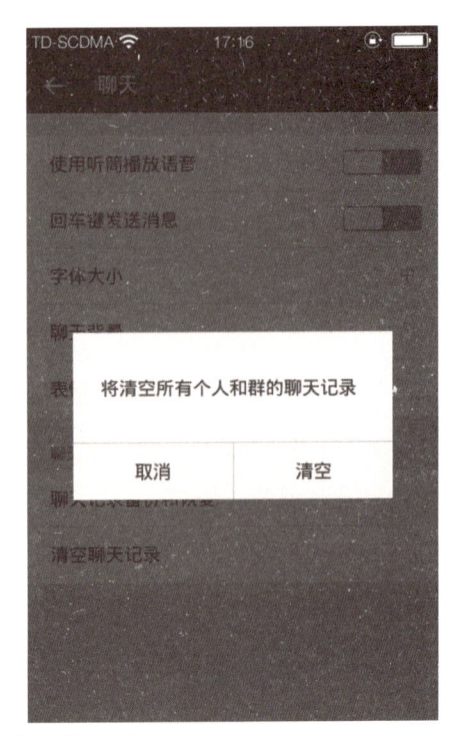

5. 清空完毕，微信消息列表中就什么都没有了。

暂无聊天信息

历史四：网址浏览历史

每个浏览器都会自动记录网页浏览记录，这样可以方便我们随时浏览以前的网页，但是其中有关隐私的内容也很容易被他人看见，所以删除网页浏览记录很重要。不同的浏览器清除的方法有所不同，但是大体都差不多，这里我们介绍 Windows 7 系统浏览器清除历史记录的方法。

清理方法（Windows 7 系统）：

1.打开浏览器，点击右上角的"工具"，然后点击"Internet 选项"。

2.在"Internet 属性"的对话框中，点击"浏览历史记录"下方的"删除"。

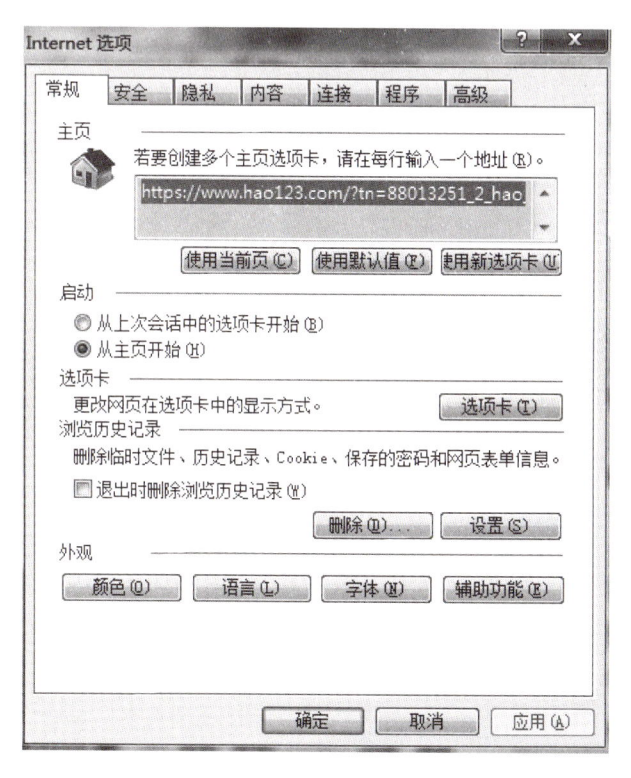

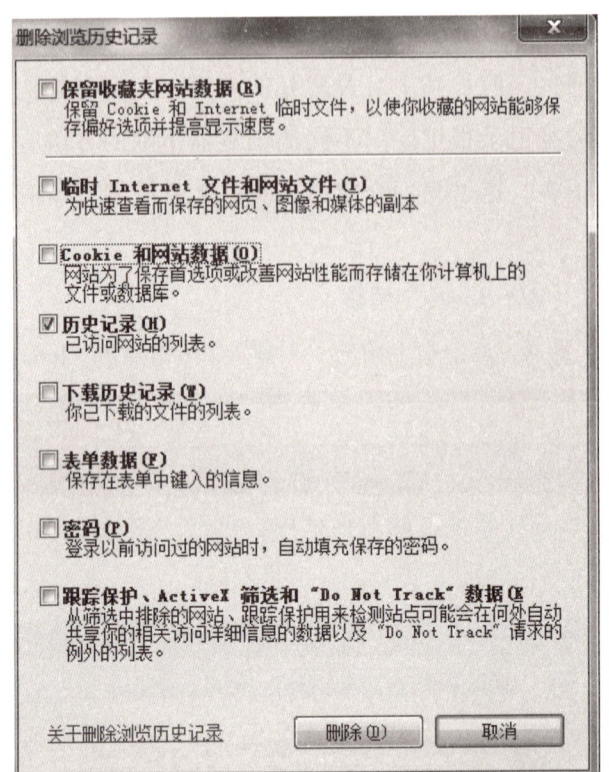

3. 在"历史记录"前面的方框打钩，点击"删除"即可

4. 如果觉得每次都要这样操作很麻烦，也可以将"退出时删除浏览历史记录"前的方框勾选上，这样当我们退出浏览器时，系统就会自动清除浏览记录。

历史五：缓存历史

在我们使用电脑的过程中，电脑会自动缓存一些文件，这些文件也有泄露我们隐私的风险，也应定期进行清理。这些缓存包括浏览器的缓存、聊天工具的缓存，还有电脑自身的缓存文件等。

清理方法（Windows 7 系统）：

1. 先是清理 IE 上面的缓存。打开浏览器点击右上角的"工具"。然后依次点击"Internet 选项"、"浏览历史记录"下方的"删除",在弹出的对话框中把所有的勾打上,再点"删除"即可。

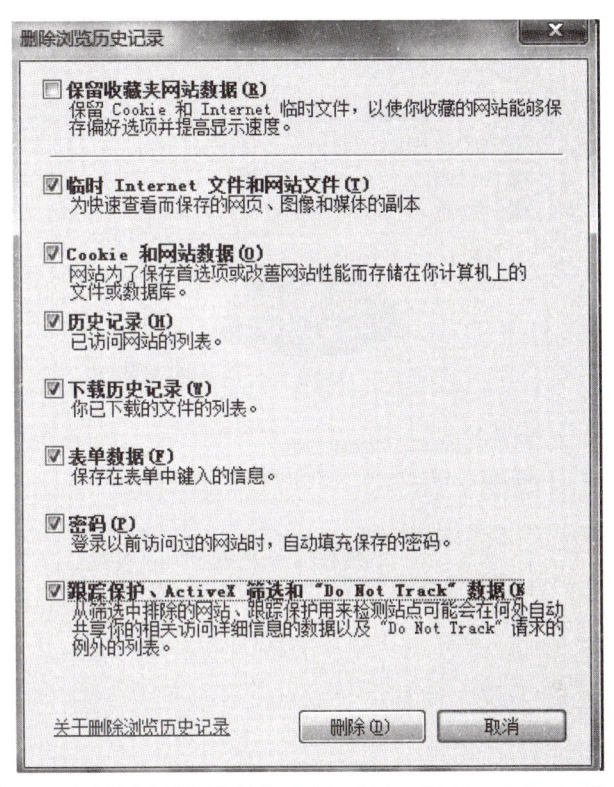

2. 当你 QQ 文件里面的缓存太大的时候,登录 QQ 不久就会提示删除缓存的信息。我们点击"查看详情"即可去删除 QQ 文件夹里面的缓存。

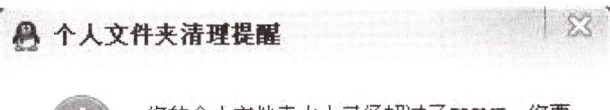

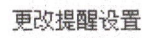

3. 我们还可以使用清理磁盘的方法来实现。清理磁盘的时候电脑最好不要登录其他软件,避免损坏磁盘!我们可以右键点击需要清理的磁盘,然后点击"属性"就能看到一个"磁盘清理"的按钮,点击清理即可。

大伽语录

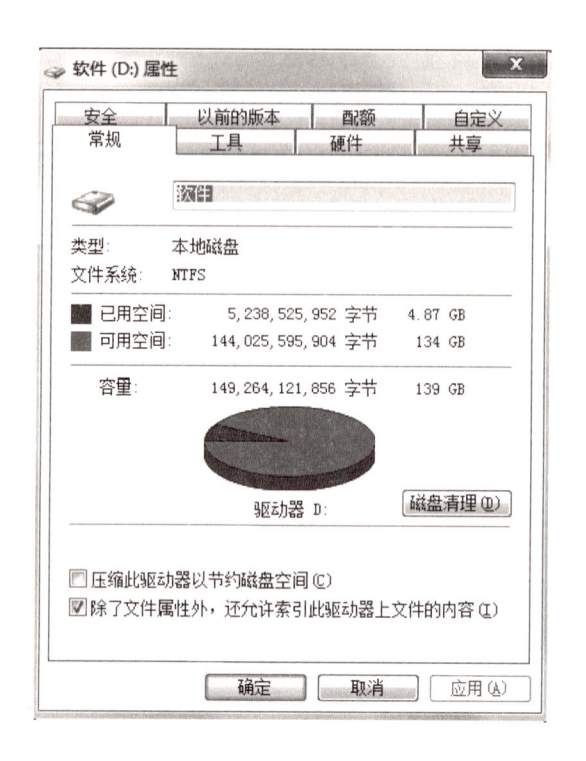

1. 放纵自己的欲望是最大的祸害；谈论别人的隐私是最大的罪恶；不知自己的过失是最大的病痛。

　　　　　　　　　　——古希腊哲学家、教育家　亚里士多德

2. 在秘密的道路上要留心隐蔽的敌人。

　　　　　　　　　　——英国历史小说家、诗人　司各特

第二节　复杂密码让安全升级

网络小故事

小邱是一个大大咧咧的女孩。为图方便，她出门总是不喜欢带现金，喜欢用支付宝。平时爸妈给的生活费、零用钱等，她都是转到支付宝里。她特别喜欢网购，觉得把钱放在支付宝里更方便。可是小邱怎么也没想到，自己的支付宝会被盗刷。

有一天晚自习结束后回到宿舍，小邱的室友小梅拿了100元现金给她，想让小邱从支付宝上转100元到自己的支付宝账户上。小邱很痛快地答应了。等她熟练地打开自己的支付宝时却傻眼了——自己的支付宝余额竟然显示为0！前天网购的时候，余额明明还有800多元啊！

惊慌失措的小邱哭着打电话将此事告诉了父母。父母在了解情况后，第二天来到学校将小邱带去派出所报案。可是警察告诉小邱，小邱损失的钱的数额还未达到立案标准，而且即便是达到了，像这种情况下她所丢失的钱也是很难追回的。

原来，因为怕麻烦，小邱将自己所有的账号密码都设置成一样的。而且她设置的密码过于简单，这就让不法分子有了可乘之

机。可是如今后悔已经太晚，小邱只有自己汲取教训，回家后将其他账号的密码进行了更改，以防止再发生类似的事情。

QQ密码、微信密码、支付宝密码等等，这些密码都是对我们极其重要的。一旦被人盗窃，我们的隐私和钱财都将受到威胁。那么，我们周围都存在哪些密码安全隐患？我们应该如何设置密码呢？对网络世界懵懂的我们，面临着很多的困惑。

网络解码器

在个人信息安全中，密码一直起着识别指定用户的重要作用。密码在几千年前就被人们所使用，那时候的密码主要是采用人工问答的方式来实现。目前，在计算机中，大到操作系统、软件系统，小到一个文件、一个程序，都可能需要使用密码。

生活中，越来越多的系统支持设置密码。密码随处存在，学会保护密码安全是我们应该做的事情。故事中的小邱就是没有意识到密码对自己的重要性，将所有账户的密码设置成同一个，而且密码还过于简单。网络世界很复杂，在网上的虚拟环境中我们要学会保护自己的隐私，要对属于自己的私有秘密设置密码。我们应该清楚地认识到，对电脑或者电脑里的一些文件和系统设置密码能极大地保证我们的隐私安全。

如今，我们使用互联网做各种事情，比如网上银行、在线购物、社交网络、网络游戏、在线娱乐等等。我们在社交网站上相互分享着各种各样的个人信息，这些是我们希望受到保护的个人隐私。而一旦黑客窃取了我们的账户和密码，几乎能用我们的身份为所欲为，包括进入我们的银行账户盗刷资金。因此，我们有必要加强自己的密码安全。

有的人喜欢偷懒，还抱有侥幸心理，认为盗窃密码的事情不会发生在自己身上，所以仍然选择用简单密码和统一密码。尽管再复杂的密码也会存在安全隐患，但是简单密码和统一密码这两种的安全隐患更大，最容易被人"一网打尽"。

一、简单密码的安全隐患

简单密码存在诸多安全隐患，容易被他人破解。如若我们的邮箱被黑客攻破，若不及时修改密码，很可能会带来连锁反应，如果我们的账户绑定了邮箱，那后果就可想而知了。

二、统一密码的安全隐患

尽管网络上有很多的文章和案例强调密码的重要性和如何设置高强度密码，但还是有很多人为了图方便，将邮箱、微博、游戏、网上支付、购物等账号设置成相同的密码。一旦其中一个账号密码被破解，那其他的账号也将变得岌岌可危。故事中的小邱就是这样一个典型的案例。

网络金点子

密码是保护我们私人信息的一道屏障。小邱的故事我们要引以为戒，不仅要学会设置密码，更要学会对一些重要账户设置安全的密码。那么，什么样的密码不安全呢？

简单密码通常都是不安全的，因为简单密码会使攻击者很容易破解。简单密码一般有以下特征：

1. 位数比较少。一般来说，3位及以内的密码都被认定为位数较少。

2. 密码是一个简单英文单词或拼音音节。一般来讲，英文人名、普通英文单词以及中文姓氏，黑客可以轻松地对这类密码进行破解。

3. 密码只使用到了一个字符。在通常的键盘按键中，可以用作密码的有26个大小写字母字符、10个数字字符、33个标点字符，但是在设置密码时，我们中的有些人只是用了某一个字符，这个风险就大了。

4. 使用自己的或者家人的生日作为密码。

5. 密码和用户名是同一个。

6. 规律性太强的密码。如：12345、111111、AAAAA等。

7. 所有需要密码的地方都使用同一种密码。 对于这种情况，就算你的密码设置得再复杂，也有一定的危险性。

8. 长时间使用一个密码。 有的人觉得自己的密码很好，所以就一直用这个密码，有时候无意中泄露了密码都不自知。

之所以会出现上述的情况，还是因为我们身边的很多人缺乏安全意识。那么，我们如何才能设置安全的密码来保证自己账户的安全呢？

一、密码尽量采用数字＋字母＋符号的自由组合形式

我们所说的复杂密码，是和简单密码相对的。简单密码的特征是位数少，且是单纯的数字或字母，这样非常容易被破解。而复杂密码是数字、字母和符号中至少两种以上的组合，位数至少是8位以上，这样就大大增加了密码的复杂程度，提高了安全性。

二、字母区分大小写

密码若使用数字＋符号＋字母，字母还能再区分大小写的话，那么密码的强度就会大大加强，其复杂性也就会相应提高。

三、不要使用和自己相关的资料作为密码

现在的密码很多，我们很多人怕忘记，就将自己的一些个人相关资料作为密码，其实这是很危险的。我们有时候会接到一些骚扰电话，那些推销人员甚至可以准确地说出我们的姓名，甚至是身份证号等信息，所以如果将自己的生日、电话号码、身份证号码、姓名简写等这些作为密码，就很容易被熟悉我们的人猜出。

四、定期更换密码

长期使用一种密码的安全性也不高，我们的一些重要账户密码，比如QQ、微信、支付宝等的密码，要定期进行更换，以防止被窃取。

密码如此多，而且又要设置得如此复杂，你可能会抱怨记不住。那么，这里教你一些小方法，解决你记不住这么多密码的烦恼。

要点一：对网站进行分类

我们首先以使用频率和私密程度来将网站分为两类，一类是登录比较频繁的、涉及隐私的，比如，支付宝、QQ、微博、微信等；另一类是

偶尔登录，不涉及金钱和私密信息的，比如 BBS、社区类网站、分享类网站等等。

要点二：较少登录的网站设置同一个密码

很少登录的网站我们可以用同一个密码，这样可以减轻记忆负担，虽然有被盗号的风险，但是几乎没有损失，我们可以通过申诉或密保邮箱轻易找回，所以设置成一样是可行的。

要点三：重要网站密码以不变应万变

针对常用的网站，比如新浪微博、微信等等，上面有个人的信息和历史记录，相对比较重要。只要记住一个密码，就可以根据自己设定的规则，派生出很多密码，方便又好记。比如可将一句话"我认识小雅15个月了"设置成为一个基础密码"wrsxy15gyl"，然后其他的密码可以以它为基础进行替换，如遇到 1 就变成 L，如变成"wrsxyL5gyl"；如遇到 5 就变成 W，如变成"wrsxy1Wgyl"；又或者密码变成反向，如变成"lyg51yxsrw"；又可以在基础密码的第三位后面插入特殊字符，如变成"wrs#xy15gyl"。还有很多方法可以尝试，只要我们将基础的密码记住，这样就不会害怕忘记其他密码了。

大伽语录

1. 一个人应该永远保持一点神秘感。

—— 英国作家、艺术家　王尔德

2. 一个泄露秘密的人是别人的奴仆。

—— 爱尔兰作家　萧伯纳

第三节 给U盘穿件"保护外套"

网络小故事

玖玖今年上初二了,今年过生日时爸爸送了他一个U盘,并告诉他,这个东西可以储存他所有想储存的内容,比如日记、作业、学习资料等。玖玖很喜欢这个U盘,用它保存了自己的日记、照片,还有课堂作业和一些学习资料。

在玖玖眼中,这个U盘比人的大脑还厉害,它可以永久地记忆一些内容。玖玖很珍爱这个U盘,出门都随身携带,但是他没想到有一天这个"大脑"也会有不那么灵光的时候。

一个周六的下午,玖玖和同学约好了一起去学校自习,然后去同学家打游戏。他在同学家一直玩游戏到晚上八点才结束,正准备回家的时候,玖玖突然想到应该将自己今天打游戏取得的"战果"截图保存下来,于是他拿出U盘,准备保存图片。

"你这个是什么东西啊,看着好精致啊?"同学用新奇的眼光看着玖玖的U盘。"这个叫U盘,是我爸爸送给我的生日礼物,它可厉害了,可以保存任何东西……"玖玖一直滔滔不绝地向同学介绍自

己的U盘。正当玖玖将U盘插上同学的电脑时，不知怎么的，U盘里面的资料不见了。玖玖一下着急了，不知道该怎么办，同学请来自己的爸爸帮忙。同学爸爸说U盘可能中毒了，里面的文件被恶意隐藏了，并建议他马上对U盘进行杀毒或格式化。

U盘在我们的生活中很常见，我们常常用它来保存资料，它体积小，携带起来也很方便，受到人们的广泛好评，但是有关U盘中毒导致资料丢失的故事也很多。你有U盘吗？生活中你遇到过U盘中毒的事情吗？你知道应该如何正确使用U盘吗？

网络解码器

U盘给我们的生活、学习和工作都带来了很大的便利，它就如我们的第二个"大脑"，帮助我们记忆一些重要的事情。

那什么是U盘呢？简单地说，U盘实际上就是我们过去常用的软盘的替代品。它是一个带USB接口的无需物理驱动器的微型高容量移动存储产品，可以通过USB接口与电脑连接，实现即插即用，具有小巧、轻灵、可靠、易于操作等特点。U盘体积很小，仅大拇指般大小，重量极轻，一般在15克左右，特别适合随身携带。U盘中无任何机械式装置，抗震性能极强。另外，U盘还具有防潮防磁、耐高低温等特性，安全可靠性很好。各种数字化内容，从照片、计算机数据、音乐到动态图像都可以通过U盘实现移动存储。

U盘作为移动储存盘，如今越来越受到人们的喜爱，因为它比那些光盘和移动硬盘更加的轻巧、灵活、方便。不过，我们中大部分人都只知道U盘是用来存东西的，而不知道它还有其他很多的用途。下面，我们一起来看看U盘还有哪些其他用途。

第一：安装PE后可以作为启动盘安装系统，而且可以对电脑进行维修、维护等操作。

U盘对于电脑维修员来说是必备的工具，如今安装操作系统基本都

是使用 U 盘，不再需要携带极不方便的光盘进行操作。

第二：代替硬盘，作为电脑的硬盘来安装操作系统。

用 U 盘替代硬盘，在一般情况下是不会这么使用的，因为这会大大地减少 U 盘的使用寿命。但是，在很多游戏厅里面的游戏机基本都是拿 U 盘作为硬盘使用的，因为这样可以节省部分资金。

第三：作为硬件加密狗使用

U 盘还能够作为加密狗来使用，比如部分用于销售的软件，需要通过在电脑上面插入加密狗才能够使用，U 盘便可派上用场。

随着 U 盘的广泛使用，一些病毒也开始对 U 盘下手。随着 U 盘病毒的慢慢扩散，会不知不觉使我们的电脑中毒，从而造成一定的损失。

故事中的玖玖平时在使用 U 盘的过程中就没有注意到安全性，可能 U 盘在不知不觉中早就已经感染了病毒，导致 U 盘里的资料全部丢失。U 盘的轻巧便捷不仅受到上班族的喜爱，也成为我们学生最实用的储备工具。随着网络中病毒和木马的增多，很多人以为安装了杀毒软件就能保证安全了。其实不然，如果我们的杀毒软件没有及时更新的话，这类病毒就会不断地传播。如果我们经常拷贝资料，那么就更容易受到感染。那么，是什么因素造成 U 盘中毒的呢？

其实 U 盘病毒运行是利用"Autorun.inf"文件，在写入对应的代码后，如果我们点击，病毒就会自动运行。在中了某些木马和病毒的 U 盘上会自动生成"Autorun.inf"的隐藏系统文件，在我们双击打开 U 盘的时候，U 盘中的病毒也会被随之激活。

U 盘的中毒现象越来越普遍，为了能够更好地保护我们 U 盘内的数据，我们不仅要了解为什么 U 盘会中毒，也要学会选用安全系数高的 U 盘。

目前有一种涉密 U 盘，其安全系数是非常高的，U 盘上面带有按键，我们可以用按键对 U 盘进行加密。这种涉密 U 盘对我们普通网民来说性价比不高。虽然我们普通消费者无需使用涉密 U 盘，但是我们也不能贪图便宜，购买没有质量保证的 U 盘，我们应该去正规的商店购买有安全性能证书的 U 盘。

网络金点子

U 盘要是中毒了，就会导致一系列问题的发生，比如 U 盘文件被隐藏、文件出现乱码等各种情况，给我们带来不必要的麻烦。我们在使用 U 盘的过程中总是会出现一些意想不到的问题，弄得我们措手不及。其实大部分状况都是由于 U 盘中毒所导致的，接下来我们就来介绍 U 盘中毒的几种常见症状。

症状一：将 U 盘插入电脑后，双击 U 盘时无法正常打开。

症状二：打开 U 盘后，本来存在 U 盘里的文件夹一下子都没有了，查看 U 盘大小发现有被占用的空间，这时候文件或文件夹可能被隐藏了。

症状三：U 盘里的文件和文件夹都在，盘内的文件也可以打开，但是却不能对文件进行复制。查看它的属性会发现，本来几百兆的文件夹变成了几 KB，可能是文件或文件夹被隐藏，同时自动生成了快捷方式。

症状四：U 盘内出现文件名带 ".exe" 的文件夹，此病毒会将 U 盘内的所有文件夹隐藏，伪装成文件夹名带 ".exe" 的同名病毒文件夹。

症状五：打开 U 盘后，发现 U 盘内多了几个没见过的文件，比如 avi.log、mp3.log、mp4.log、mp5.log 等垃圾日志文件。

现在，防止 U 盘中毒已经成了我们的"必修课"。上面我们介绍了 U 盘中毒的原因和中毒的一些表现。接下来，我们就一起学习防止 U 盘中毒的措施。

方案一、关闭自动化播放功能

在 Windows 下单击"开始"菜单→"运行"命令，输入"gpedit.msc"命令，展开左窗格的"本地计算机策略\计算机配置\管理模板

\Windows 组件"项，找到"自动播放策略"点开，在右窗格双击"关闭自动播放"进行设置。

方案二、修改注册表禁止 U 盘病毒自动运行

单击"开始"菜单，在"运行"内输入 regedit 然后回车，打开注册表编辑器，找到下列注册项：HKEY_CURRENT_USER\ Software \Microsoft\Windows\CurrentVersion\Explorer\MountPoints2 右键单击 MountPoints2 选项，选择"权限"，针对该键值的访问权限进行限制，从而隔断了病毒的入侵。

方案三、打开 U 盘时请选择右键打开

不要直接双击 U 盘盘符，因为双击实际上会立刻激活病毒。最好是用右键单击 U 盘盘符选择"打开"命令，或者通过"资源管理器"窗口进入，这样做可以避免中毒。

方案四、创建 Autorun.inf 文件夹

我们可以自己预先在所有磁盘中创建名为"Autorun.inf"的文件夹，如果有病毒要侵入时，病毒就无法再创建同名的文件夹了，即使你双击盘符也不会运行病毒，从而阻断了 U 盘病毒的传播。但是，也有的病毒同样会将其文件删除，然后复制自己的 Autorun.inf 文件进去。为预防这种情况，我们可以把自己创建的 Autorun.inf 文件夹的属性设置为只读、隐藏，那么病毒就无计可施了。

方案五、安装 U 盘杀毒监控软件和防火墙

通过下载 USBCleaner、USBStarter、360 安全卫士、金山 U 盘专杀等软件进行安装，达到对 U 盘的实时监控和查杀能力。

虽然我们了解了如何防止 U 盘中毒的方法，但是如果我们的 U 盘不幸已中招，那最好、最简单的方法就是赶紧下载杀毒软件或者 U 盘病毒专杀工具进行查杀和永久免疫。

U 盘中毒是我们不想看到的，所以我们要学会防患于未然，下面这些小技巧可以帮助大家正确、安全地使用 U 盘。

技巧一：操作要规范正确

将 U 盘插入电脑的 USB 接口时，要注意使它的芯片与电脑的电源口保

持良好接触。拔出U盘时，点击"安全删除硬件"，在电脑屏幕上出现的对话框中点击"停止"，这样可以保护数据的安全和磁盘的运行。此外，U盘在读取或写入数据时千万不可拔出，轻则损坏数据，重则损坏U盘的芯片。

技巧二：携带方式要稳妥

不要将U盘随意装在口袋里，特别是裤子的后袋里，因为当我们坐下的时候U盘容易受到挤压而变形，严重的时候还会使其中的线路板断裂而产生隐性的故障。

技巧三：要保持U盘清洁

U盘长时间使用的话，会积有较多的灰尘或污垢，若没有及时清理就会导致接触不良，使数据传输不畅。读卡器的电触点更为精细，内部如果有了灰尘或锈迹，与电脑连接后会出现莫名其妙的故障现象。所以，一定要保持插接口的清洁。

技巧四：不使用时勿将U盘长时间插在电脑上

如果经常将U盘插在电脑上面，长期加电的话对U盘的使用寿命不利，所以建议不使用的时候拔下来放好。

技巧五：注意高温的影响

U盘在夏季使用的时候要注意散热问题，为了防止芯片因过热而受损，必要时可分段间歇写入，给积累的热量一个散发的机会。

大伽语录

1. 用时不爱惜，就要损坏；做时不慎重，就要失败。

——蒙古族谚语

2. 慎重则必成，轻发则多败。

——北宋文学家　苏轼

第四节　捍卫隐私，网络社交要"聪明"

网络小故事

小美是一名高三的学生，平时经常在手机上使用QQ，她特别喜欢跟别人分享自己每天的生活，经常将自己学习、吃饭、逛街的照片发在QQ空间里。

最近，小美在QQ上添加了一个陌生人。这个陌生人对小美的很多信息都了如指掌，不仅知道她的名字、年龄、学校，甚至还知道她的电话号码。小美很惊奇，询问对方是否是自己的朋友，为何知道这么多关于自己的信息。原来，这个陌生人并非小美的朋友，他是通过QQ中"附近的人"找到的小美，并在小美的QQ资料中看到了她填写的邮箱账号，进而找到了小美的微博地址和小美注册的一些社交网站，然后从中发现了小美的电话和个人信息。

小美对这个陌生人知道这些信息并不在意，也没有引起警惕，她还是继续每天"直播"她的生活。可是这个陌生人却每天都来找小美聊天，并要求小美出来见一面，交个朋友。小美拒绝了陌生人的提议，对方却每天在QQ上骚扰小美，有时还说出一些难听的话。小美一气之下将此人拉入了黑名单。她本以为事情就这样结束了，可是没想到的是，这个网上的陌生人竟然找到了小美的学校，还对小美进行了线下跟踪。一天晚上，在放学回家的路上，一个陌生男人突然走到面前拦住了小美，称别无他意，就是想跟她认识一下，交个朋友。小美被吓坏了，大叫了一声"抓流氓"后撒腿就跑，对方紧跟其后，幸运的是跑过一条街后，小美在路口看到了巡逻警察，陌生男子这才没有继续纠缠。

回家后，小美仍心有余悸，想着肯定是自己在网上填写的信息和发的照片出卖了自己。此后，小美再也不敢随便添加陌生人，也不敢随意暴露自己的个人信息和照片了。

生活中，像小美这样在网上随意发布自己信息的人很多，在不经意之间便泄露了自己的信息。或许我们没有遇到像小美这样被人跟踪的情况，但是不排除有人像那个陌生人一样，对我们在网络上发布的信息了如指掌。你是否也喜欢在社交软件上"直播"自己的生活？你了解这些社交软件都是怎样泄露我们的隐私的吗？它又会给我们带来什么危害呢？

网络解码器

社交媒体的繁荣使得人们的网络生活与现实生活联系得越来越密切。它们已成为我们在互联网上传播信息、进行社会交流活动的重要平台，具有互动性、开放性、即时性和共享性等特点。在当前的网络环境下，社交媒体已在全国范围内得到普及，一些社交软件，如QQ、微信、微博、贴吧、论坛等都吸引了大量的用户，特别是青少年用户。

今天，社交已成为丰富我们精神生活的重要手段。以前地域限制了我们的社交范围，但在今天，社交软件打破了地域的限制，微信、微博已经成为我们电脑和手机里必备的社交软件，它们让人与人之间的距离变得触手可及。

社交软件的确给我们的生活带来了一些不可否认的好处，比如让

我们认识了更多志同道合的朋友，一起畅谈自己的理想。但是随着我们使用社交软件的次数增多，我们暴露隐私的风险也在不断增加。生活中，很少人能进行"聪明"社交，许多人都缺乏保护隐私的意识。故事中的小美就是一个典型的案例，她没有意识到自己在网上填写的真实信息会给自己招来麻烦，小美的教训值得我们每个人引以为戒。一旦我们的隐私被泄露，轻则每天会收到源源不断的垃圾短信和骚扰电话，重则有可能会有人冒充我们的身份对别人进行诈骗，或者盗用我们的钱财。

我们每天上网或许都会看到像小美这样晒照片、晒信息的小伙伴。为什么这么多人喜欢在社交软件上分享自己的个人隐私呢？

原因一：处于青春期的我们喜欢去了解别人，也希望别人能够了解自己，因此通过网络分享自己的信息，把自己介绍给大家。我们在网络上公开自己的资料，就是想描述自己是怎样的一个人。在网络上分享信息和照片，去表达出自己关注什么，对什么感兴趣，可以让更多的人深入了解自己。

原因二：青少年正处于渴望被认同的阶段，分享信息是为了寻求大家的认同，希望与大家达到一致的认知。通过分享一些心情和信息，表达出我们与周围的人有趋同的价值观，证明自己不是另类，这是一种期望得到他人认同的表现。

原因三：记录生活。记录自己生活上有趣的事情、有意义的事情、快乐的事情，还有自己的心情等等。生活积极的人可以借此分享生活中的快乐；生活消极的人，也可以借助网络平台发泄一下自己的情绪。

看到这里，可能很多朋友会想，社交软件本来就是用来社交和分享的，如果连这个也担心暴露隐私，那我们是不是不该用社交软件了？答案当然是否定的。社交软件有利也有弊，关键是我们应该如何趋利避害。虽然社交软件会泄露我们的隐私，但是这都是因为我们自己使用的方式不当引起的。对于隐私的泄露，我们还是要多注意自己的主观原因，多多加强自己网络社交的技巧，更好地"聪明"社交。

网络金点子

现在的社交软件、社交网站纷繁复杂、良莠不齐，隐私信息泄露的途径也变得多种多样。我们先来看看我们的信息是如何泄露的。

泄露方式一：用户主动透露的信息

随着社交软件、社交网站的兴起，我们出于各种目的，都会去申请一个账号，这时需要填写一些资料，包括我们的电子邮箱地址、性别、生日、出生地等等。其实从我们填写这些信息开始，我们就已经在泄露自己的隐私了。此外，我们有时候出去玩喜欢定位自己所在的位置，晒出自己的个人照片，甚至家人的照片，有时候去考试还会晒一晒自己的准考证照片，其实这些行为无意中就暴露了我们的隐私。

泄露方式二：社交软件、网站泄露

如今网络社交变得越来越流行，一些社交软件和网站掌握了我们大量的信息。部分不良商家极有可能会出于某种利益故意泄露我们的隐私，将我们的信息进行出售以谋取利益；另外，一些技术因素也有可能造成我们隐私的泄露，比如遭受到黑客的攻击。

泄露方式三：第三方泄露

现在很多社交软件和网站都为我们提供各种第三方应用程序，比如优酷网的用户可以在该网站上与微博的用户进行互动。第三方软件的引入，要求我们授权提供个人信息、好友关系等，授权之后我们的隐私往往难以保护。

如今的社交软件已经成为一部分人生活的直播平台，我们许多人每天的喜怒哀乐、所思所想都会第一时间出现在朋友圈和微博上。此外，还有一些人用随身携带的手机每天乐此不疲地分享自己所在的地理位置给微信、微博和社交网站上的好友。

通过查看一个人在微信、微博和其他社交网站上的信息碎片，便可以收集这个人的年龄、手机号等普通信息，并从中推测出他的消费倾向、家庭情况、学校情况等信息。也就是说，如果一个人经常用手机上QQ或者微信，附近的人就能搜索到他。如果他还注册了微博、贴吧等社交网站，那么，他的很多信息就都成了透明的了。

社交网络是个很神奇的东西，它以自己无穷的触角，把不同地域、不同身份的人联系在一起，形成一个巨大的"场"。如今，微博、微信、朋友圈更是成为我们生活中必不可少的一部分。社交网络在带给我们快捷的信息传递、大量的交流互动的同时，也从很多方面给我们带来安全隐患。作为青少年，我们的心智还不够成熟，我们在社交网络上留下的许多足迹容易被人利用，所以网络社交中的隐私安全问题必须引起我们重视，学习"聪明"社交的注意事项必不可少。

注意事项一：选择安全的聊天工具

现在网络上的聊天软件良莠不齐，有的聊天软件是不具有安全性的，它极有可能暴露我们的隐私。所以，在选择聊天工具的时候一定要选择大众化的、成熟的聊天软件，比如QQ、微信等。

注意事项二：关闭网络社交定位功能

现在身边有很多人喜欢秀自己的定位，发个朋友圈习惯自动定位，标出自己在哪里，在做什么，甚至把自己的家设定为一个"打卡点"，每天在该处"打卡"。其实这些都很危险，等同于是昭告天下"我住在这里，我现在在外玩，不在家哦！"如果有人心存歹念，很难保证这些信息不会对我们的人身安全或是财物造成威胁。关闭定位功能同时也可以不让附近的人搜索到我，免除一些不必要的麻烦，所以我们最好是关闭网络社交的定位功能，不让别人知道我们的行踪。

注意事项三：填写个人资料时要慎重

现在注册社交软件和网站都要求填写个人信息，我们在填写任何个人资料之前，都要了解到其中潜在的风险。尽量不要在社交软件和网站上填写过于详细的个人资料，尤其是自己的年龄、生日、学校、家庭住址、电话号码等个人隐私。

注意事项四：学会设置权限

现在很多的社交软件和网站都有权限设置，我们可以对陌生人设置权限，不允许他们查看我们的信息和照片，比如设置 QQ 空间访问权限、不允许陌生人查看我们的朋友圈等。

注意事项五：有些照片不能晒

现在很多青少年习惯在朋友圈晒照片，有的不光晒自己的照片，还晒家人的照片、准考证照片和火车票照片等，要知道这些都很容易暴露我们的隐私，特别是火车票上面有我们的姓名、身份证号、车票二维码等，这些可能会被不法分子盗用了来行骗甚至勒索，等等。

注意事项六：不随意添加好友

随着网络社交的兴起，我们的个人信息有集中、整合的趋势，一旦我们加了某人为好友，这个人就能够看到我们的很多个人资料。即使是一个完全陌生的人，也可能了解到我们最隐私的个人资料，这样带来的安全风险是不言而喻的。所以，我们不要轻易加陌生人为好友。

大伽语录

1. 不要想到什么就说什么，凡事必须三思而后行。

——戏剧家、作家 莎士比亚

2. 不要对任何人都敞开你的心胸。

——《圣经后典·便西拉智训》

3. 挑选朋友要慎重，更换朋友要更慎重。

——美国思想家 富兰克林

第六章

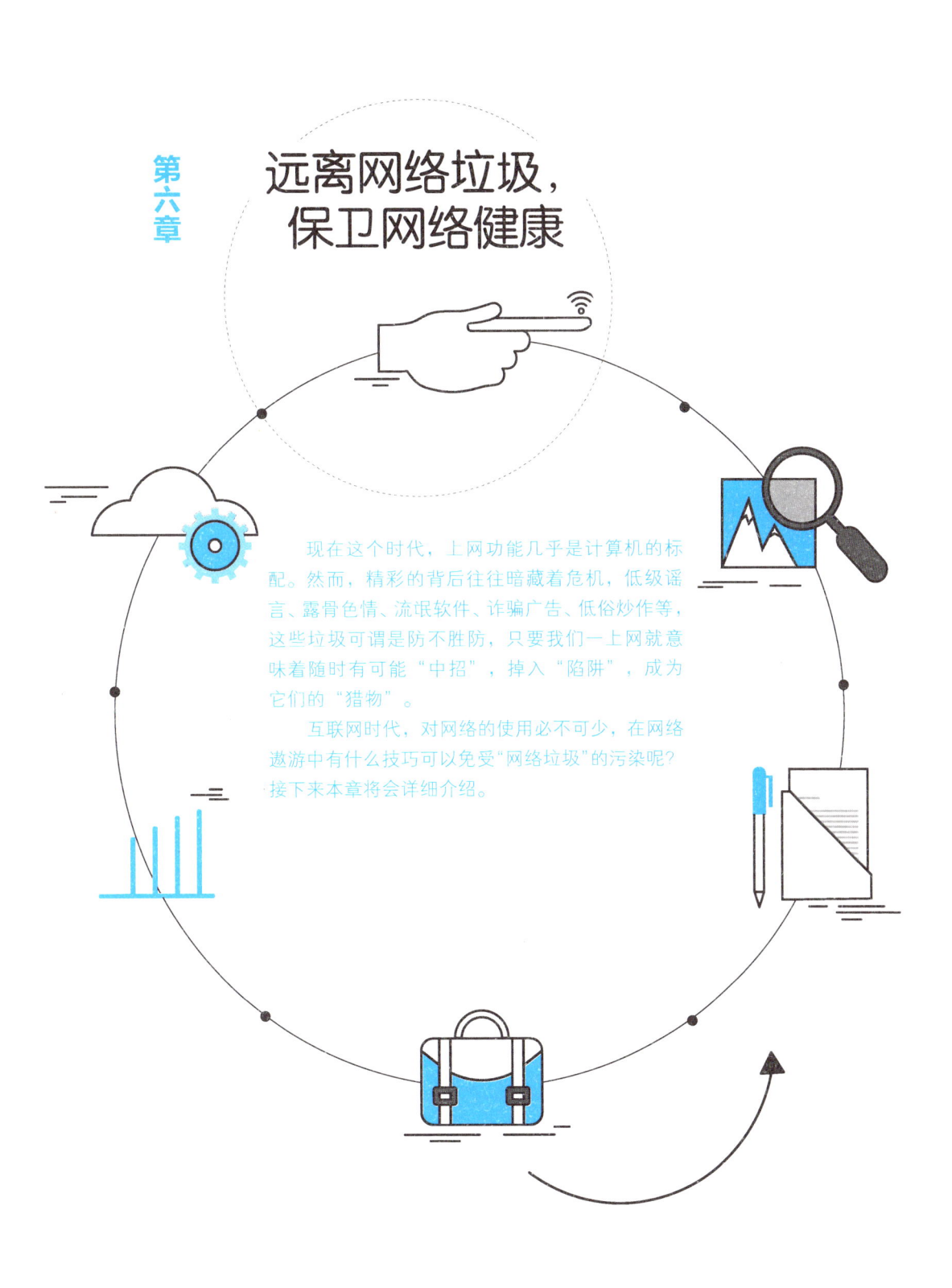

远离网络垃圾，
保卫网络健康

现在这个时代，上网功能几乎是计算机的标配。然而，精彩的背后往往暗藏着危机，低级谣言、露骨色情、流氓软件、诈骗广告、低俗炒作等，这些垃圾可谓是防不胜防，只要我们一上网就意味着随时有可能"中招"，掉入"陷阱"，成为它们的"猎物"。

互联网时代，对网络的使用必不可少，在网络遨游中有什么技巧可以免受"网络垃圾"的污染呢？接下来本章将会详细介绍。

第一节　别轻信，谣言识别我在行

网络小故事

"重要通知！已经死了17人！友情提醒：最近医院急诊的患者比较多，大都是蘑菇中毒，蘑菇不能和茄子一起吃，会中毒。在用水焯蘑菇的时候放大蒜，如果大蒜变色了，就有毒，不可食用。而且蘑菇和小米、大黄米千万不要同吃。谁的群多，转一下……"

好友小伟发来的一则QQ消息让坐在电脑前的小龙瞬间激动起来，抱着"随手转发保平安"的想法，他迅速将这则消息复制到了自己所加入的各个QQ群，对自己的小伙伴、亲戚、长辈更是"体贴"地逐一发送。

在一系列琐碎而繁忙的操作后，QQ消息"叮叮咚咚"地响起，班级QQ群内更是炸开了锅："天啦，太恐怖了！""我最近都

不要吃蘑菇了！""大家转发起来啊，让更多的人知道！""消息是真的吗？太难以置信了！"……面对部分同学的质疑，小龙立即义正词严地回应："千真万确！这可是医院发布的通知，哪里会有假！"此话一出，同学小娜陷入了恐慌："完了完了，我昨晚才吃了蘑菇，而且我妈也没放大蒜测试有没有毒，怎么办啊？我会不会有事？……""啊？赶紧上医院去，叫上你爸妈一起去医院检查，耽误治疗时机怎么办！""怎么这么不小心啊，早看到这条消息就好了，快去医院吧！"

正当大家积极为小娜出谋划策时，班主任苏老师在群里发了一则消息，及时消除了同学们的担忧："经查实，关于蘑菇中毒的通知系谣言，请各位同学不要恐慌，也不要再传播这则消息了！""哎呀，吓死了，差点就信了呢！""耶，又可以愉快地吃蘑菇啦！"……

与QQ群里的热闹景象不同，此刻的小龙却感到万分羞愧和自责，他陷入了深深的疑惑："世界这么大，充斥着真真假假，我又怎么知道什么是真的，什么是假的呢？"

在谣言满天飞的互联网时代，我们如何做到不被谣言所迷惑呢？轻信谣言到底有何危害？常见的谣言又有哪些？……这些问题是否也正困扰着你呢？

网络解码器

在互联网时代，每个人都手握"麦克风"，迫不及待地想发出自己的声音，我们写微博、发朋友圈和QQ空间说说等，希望朋友乃至世界聆听我们的心声，而当我们在利用这个舞台全方位展示自我时，一些不法分子也开始利用网络刻意造谣和传谣，以便给社会造成许多不良影响。

故事中的小龙因缺乏完善的知识储备，对谣言的辨识能力较差，遇到谣言不加分辨就开始转发，最终扩散了谣言，给周围的同学造成了恐慌。不仅小龙如此，甚至部分成年人也难逃谣言的陷阱。那么，谣言究竟是凭借多大的魔力来实现广泛传播的呢？

首先，正如上文所言，当下每个人都能手握"话筒"发声，每个人既能生产信息也能传播信息，这在一定程度上导致信息的真实性难以得到保证。

其次，许多谣言往往打着"为你好"、"为你周围人好"的幌子，很容易消除人们的戒备心态，特别是一些食物中毒、健康养生等与日常生活紧密相关的谣言更是容易获得部分网友的好感。他们往往抱着"宁可信其有，不可信其无"的心态，对谣言进行再次传播。故事中的小龙正是如此。

再次，在互联网和自媒体时代，一些规则还没有完全建立，已有的规章制度未能深入人心，大多数谣言发布者并未意识到自己的造谣将导致何种严重后果，也不知道自己的行为是否会受到处罚，因此无知者无畏。

最后，QQ、微信朋友圈属于网民的"私密花园"，谣言的监管难度较大，而大部分谣言传播也正是利用这些平台。

轻信谣言和传播谣言不仅污染网络环境，更扰乱社会秩序，甚至可能对我们的价值观产生严重不良影响。

第一，导致社会诚信的缺失。网络谣言是社会诚信的杀手，"狼来了"的故事家喻户晓、老少咸知，其寓意在于造谣惑众既害人亦害己，做人应诚实。人们在被谣言多次哄骗后，对来自任何人，包括亲人和朋友的任何信息都会持怀疑态度，整个社会的诚信体系也开始崩塌，每个人的思想都高度紧张，我们的社会还能稳定和发展吗？

第二，扰乱社会正常秩序，影响正常生活。信息网络是人们沟通交流的平台，也是现实生活的延伸，同样属于"公共场所"，网络秩序也是社会公共秩序的重要组成部分。在现实生活中，谣言小到爱心接力，发动网民集体寻找准考证，大到谣传砍人，导致人们陷入恐慌，甚至做出一些非理性行为，如有网民传播地震谣言，导致民众受惊，市民听信后纷纷走上街头躲避地震，严重干扰了社会秩序，影响到了正常生活。

第三，冲击我们的人生观和价值观。 作为青少年，我们对网络谣言的辨识度不高，很容易轻信，而一些与传统观念相背离的谣言将对我们的价值观造成巨大冲击。如网上曾流传的诋毁雷锋同志形象的谣言就与我们接受的向雷锋学习的观念冲突。雷锋的形象激励了一代又一代的青少年，是我们学习的楷模，雷锋的形象一旦被恶意中伤，我们极容易陷入困惑和迷茫之中，更严重的是，还可能会让我们抛弃此前养成的助人为乐的良好品质，变得自私自利。

网络金点子

要揭开网络谣言的虚伪面具，首先让我们一起看看生活中经常"出没"的谣言究竟有哪些。

1. **伪科学**：造谣者把一些生活中似是而非的知识进行改头换面后推介，让大家误以为是一种科学知识。如"超市小票摸多会致癌"、"糖尿病人不能吃水果"、"滴血能认亲"、"味精吃多了会变傻"等。

2. **爱心接力**：利用人们的爱心传播虚假信息，如过年时谣传某某的火车票、身份证丢失了，高考时谣传某某的准考证丢失了，发动群众扩散帮忙寻找证件的消息。

3. **公共政策**：此类谣言主要为造谣者捏造或歪曲政府政策，严重影响政府的公信力。如有造谣者称某某市将对汽车进行限牌，导致大量市民抢购汽车。

4. **社会安全**：这类谣言通过制造恐慌来扰乱人们的生活节奏。如传播某地发生大规模砍人事件、某地有抢孩子团伙等。

5. **食品安全**："辣条致死"、"小龙虾有毒"、"这就是肉制品的加工车间"、"饮料含有肉毒杆菌"、"猪肉有虫"……这类谣言让人们每天都处在对生活的担忧之中。

6. 突发安全事故：网络谣言往往伴随着重大突发事故，如有网民传播与地震、火灾、爆炸、沉船等等相关的谣言，影响人们正常的工作和生活。

7. 假新闻：如部分商家为了营销宣传，传播名人"逝世"的消息，六小龄童、刘德华等名人均曾"被死亡"，而部分媒体为抢占先机，博取眼球，往往不加考证便竞相发布，这种通过媒体平台传播的谣言所危害的范围更大。

8. 公共卫生：此类谣言多借助医生或孕妇等人群渲染某某病毒爆发，并用捏造的感染人数及死亡人数增强网民的恐慌感。

9. 诋毁革命英雄形象：一些不良人士通过传播"雷锋做好事照片摆拍""刘胡兰死亡是悲剧而非英雄""狼牙山五壮士欺压百姓"等谣言对革命英雄进行诋毁，使人们对英雄产生怀疑。

10. 标题党："标题党"们往往通过断章取义、拼接新闻、曲解原意来制造耸人听闻的信息，吸引眼球。如"2017年起英语将退出高考"等等。

网络谣言如此"强大"，是否就意味着我们束手无策了呢？当然不是。我们至少可以通过以下几招来提高我们对网络谣言的抵抗力。

第一，树立法律意识，严格遵守互联网法律法规。如今，一条热点信息经常被无数次转发，动辄几万、十几万的点击量。很多同学对信息不加甄别、不加思考就盲目转发，甚至有部分同学出于好奇或寻求刺激的目的造谣传谣。殊不知，这种行为严重违反了互联网法律法规，严重者还将受到法律处罚。法律不仅是规范我们文明上网的规矩绳墨，更是消除网络垃圾的利剑和维护网络健康环境的重要武器，我们应在遵守互联网法律法规的前提下，积极践行文明上网，自觉远离网络谣言，坚决斩断网络谣言的传播链条。

第二，加强自我学习，增强辨别谣言、抵制谣言的能力。当前，我们对社会的认知能力、判断能力还比较弱，接触到一些信息后往往不懂得辨别真伪就陷了进去，这在很大程度上是由于我们自身的知识储备不完善造成的。我们不仅要认真学习老师教授的课本上的知识，还要多看新闻，多看课外书，上权威网站，不断拓宽自己的视野，在遇到"反常消息"时，第一时间保持清醒，理智分析信息是否真实，并积极通过报纸、权威网站等渠道进行求证，揭下网络谣言的面具。如果遇到一些自己不确定的信息，还可以主动请求老师和父母帮忙鉴定。

第三，主动参与到抵制网络谣言的行动中去，揭露和举报网络谣言。除不造谣、不传谣外，作为 21 世纪的公民，我们还应做到积极辟谣。当周围的人们传播谣言时，我们应摆出证据，及时予以纠正；当在网络平台发现谣言时，我们应转变"随手转发保平安"的愚者思维，必要时还可向网警或相关部门反映。

良好的网络环境需要我们的共同努力。网络谣言虽然可怕，但并非不能战胜。从现在开始，我们要从自己做起，从消除身边的谣言着手，力争消灭谣言产生的温床，做网络健康环境的维护者。

大伽语录

1. 谣言会把人们所恐惧的敌方军力增加一倍，正像回声会把一句话化成两句话一样。

——英国戏剧家、作家　莎士比亚

2. 流言止于智者。

——《荀子·大略》

第二节　别偷看，这里有网络色情

网络小故事

小南是一名初中生，他最大的兴趣爱好就是玩电脑，每天放学到家后的第一件事就是打开电脑。

今天，小南像往常一样，在网上浏览着一些游戏网页。就在这时，网页右下角弹出一个QQ邀请入群的对话框，上面写着："这儿有你想要的东西。"出于好奇，小南便加入了QQ群，进群之后发现群内有很多露骨的聊天内容和图片。小南本想立刻退群，突然一位陌生的群友私聊了他，向他发来一段视频。小南打开视频，发现竟是一些色情的片段，出于紧张，他立刻关掉了视频。

看到了自己平时从未见过的图片，正处于青春期的小南对这些内容充满了好奇，这一晚上的心情都是复杂的，他既想看，又害怕被父母发现。在经过激烈的心理斗争之后，小南最终还是难以抑制内心的冲动，他心想，反正网络是匿名的，没人认识他，而且也不会被发现。他趁父母入睡后，悄悄打开了电脑，再一次点开了视频，而正是这一段视频成了小南学业乃至整个人生的拐点。

从那以后，小南每晚都会趁父母睡觉后打开电脑进入这个QQ群，在QQ群内观看色情直播。为了给群内裸聊的女子发红包、送礼物，小南欺骗父母说学校要交各种资料费，一个月下来，小南竟然在群内投入了上千元。

自从有了神秘QQ群的秘密后，小南几乎每天晚上12点准时打开电脑进入QQ群。自此，他的整个人开始变得恍惚起来，学习成绩更是一路下滑。在无法抵御的冲动和强烈羞耻感的"双重夹击"下，小南既无力克制强烈的感官刺激而越陷越深，又无法向别人倾诉并寻求帮助以摆脱困境。在学校，小南每天上课时头脑里全是那些淫秽的图片，成绩日渐下降，最后甚至连课也不上了，他的生活完全变得一团糟。无奈之下，小南只得退学去接受心理治疗。

如今，网络已经深入我们每个人的生活，网络上的一些不良信息，特别是网络淫秽色情，容易影响我们的学业、言行和身心。网络色情的传播究竟有哪些危害？我们又该如何抵制网络色情呢？

网络解码器

网络色情就像一枚枚"定时炸弹"埋藏在网络中，一旦心智不成熟、动机不良者接触到这些"炸弹"，就会造成性堕落，甚至诱发性犯罪，对社会造成危害。

故事中的小南就是因为触动了这种"炸弹"，导致自己陷入网络色情的深渊。由于没有控制好自己，最终落得一个学习和生活都处理不好的结果。我们正处于发育阶段，心智各方面都不成熟，不仅仅是小南，生活中还有许多的小伙伴跟小南有类似的经历，对性知识充满了好奇，有的在老师和父母的帮助下走出了困境，有的却不幸走向犯罪的道路。

为何生活中有那么多的人会迷恋上网络色情？网络色情究竟有何"本事"，让我们身边的某些人沉溺其中呢？

原因一：心智不成熟使我们难以抵御网络色情的侵染

青少年时期是自我意识迅速发展并走向成熟的关键时期，此时我们的身心发展尚未定型，遇事缺乏冷静的思考，易冲动，更没有建立起成熟的性爱观和性道德观念，容易受到外部环境的诱惑。故事中的小南还未成年，正处于青春期，因此在面对不良内容诱惑时没有足够成熟的心智去抵制。

原因二：网络色情具有很强的刺激性

长期接触网络色情会对我们的意识产生强烈的冲击。本节故事中的主人公小南就是因为受到了网络色情刺激感的影响才一步步走向深渊的。

原因三：网络色情具有较强的匿名性和可及性

处于青春期的我们，既对性知识充满了好奇，又害怕被人发现自己的这种心理，而网络的匿名性恰好解决了这种烦恼。故事中的小南因为想到网络是匿名的，不会被发现，拥有一个高度隐蔽的环境，给自己的行为撑起了一把"保护伞"，因此沉迷于网络色情。而且，QQ群里的网络色情视频可以随时观看，在群里面甚至还能获得一些免费的色情材料，这就让他沉溺其中而无法自拔了。

网络淫秽色情已经成为阻碍我们顺利成长的"罂粟花"，不断诱惑着我们，给我们的身心健康带来严重的影响。接下来，就让我们一起来看看网络色情的危害。

危害一：对我们学业的影响

网络色情更容易诱发身心都不成熟的我们产生网瘾，产生不健康的欲望，扭曲我们的心理，耽误我们的学习。生活中有很多的小伙伴因为迷恋上了色情网站，而逃课或者熬通宵到网上浏览，造成学习成绩下降，身心受到伤害，故事中的小南就是一名受害者。

危害二：对我们道德品质的影响

网络色情会直接损害我们的道德心理，抑制我们健康道德人格的形成。我们中的一些人由于沉迷于网络色情，导致道德水平下降，道德观念淡漠，有的甚至贪图享乐，意志消沉，一言不合就出手伤人。

危害三：对我们心理的影响

在青春期，我们的生理发育较快，也开始出现较强烈的性意识，对异性产生神秘感和好奇心。不少青少年缺乏正确的性道德和性观念，往往不能分辨是非、抵挡诱惑，在现实中往往缺乏正确的引导，容易遭受到色情信息的侵害，对色情信息产生心理依赖。

危害四：对我们的言论和行为的影响

若经常浏览一些色情网站，我们就会不知不觉中养成一种习惯，进而影响到自己的言论和行为，例如，在与同性朋友的聊天中，一些关于性的话题会变成口头禅，有的甚至还会发布一些色情信息和图片。

危害五：诱发我们性犯罪

青少年对性普遍开始产生好奇感，具有较强的性冲动。在网络色情的刺激下，道德观一旦瓦解，便可能产生性犯罪的病态心理，诱发其实施嫖娼、强奸等违法或犯罪行为。生活中这样的例子并不少见。

网络金点子

网络色情像一颗颗"毒瘤"，严重影响着网络生态的良性发展，特别是会对我们的健康成长造成不利的影响。那么，网络色情这样的有害信息一般在何处藏身呢？这里帮你认清它的十张面孔，避免我们受到有害信息的侵害。

面孔一：境外中文色情网站

一些非法网站为了躲避执法部门的查处，租用境外服务器，专门针对我国境内传播色情有害信息，这是当前最常见的网络色情形式。

面孔二：借即时通信工具进行色情违法活动

有些人利用即时通信工具进行裸聊、情色表演、传播淫秽色情有害信息等违法活动。故事中的小南就是利用 QQ 群这种即时通信工具观看的色情信息。

面孔三：色情聊天室

在聊天室网站中开设房间，进行色情表演、传播色情信息等违法活动。

面孔四：色情小游戏、动漫网站

利用我们对游戏、动漫的爱好传播色情暴力网游、漫画、动漫等。

面孔五：利用云储存等工具传播色情信息

借助大容量网络储存、传输工具传播有害信息，通过论坛、社交网络传播下载链接，诱使网民下载。

面孔六：色情小说、电子书

一些文学网站和电子书下载网站、论坛提供色情小说在线阅读、色情电子书下载等。

面孔七：情感、两性等网站栏目传播色情内容的文章

一些网站栏目以两性知识、情感咨询为名，传播描写色情内容的文章。

面孔八：低俗色情药品广告

以低俗、色情内容吸引点击的涉性用品、药品广告。

面孔九：色情手机应用程序

将色情小说、游戏、视频等有害内容经过重新包装，通过手机 App 传播。

面孔十：通过网站弹窗、广告侧边栏传播

一些网站为了博眼球、增加点击量，通过弹窗、侧边栏推送低俗、色情图片链接。

网络色情传播形式多样，我们一定要擦亮眼睛，识别网络色情信息，不受网络色情的毒害。了解到了网络色情有害信息的十张面孔，那么我们究竟该如何抵制网络色情呢？

策略一：坚决不打开色情网站

如今的网络色情让人防不胜防。我们有时候打开电脑网页查找一些学习内容，或者浏览一些新闻时，都会忽然蹦出那些网页。就算在电脑里装上杀毒软件也无济于事，很多的网络色情内容就在我们打开的那个网页的一角。我们有时候也很气愤，想关闭掉那些网页链接，却总会被带进那些网络色情网站里。面对那些可恨的色情网站，我们个人没有能力阻止，但我们一定要做到不点击、不打开、不好奇、不参与。

策略二：不受朋友的蛊惑接触网络色情

我们身边总有些人喜欢谈论那些网络色情网站的事情，有些人发育较早，对这些有所了解，但是一些发育比较晚的同学就容易受到影响。我们很多人住的是学校的集体宿舍，有时会有同学在寝室相互谈论色情网站的事情，有的谈论的内容甚至特别仔细，这就容易致使其他同学也进入那些色情网站。一些关系好的同学之间彼此会"分享"一些网络色情的网站地址。对此，我们可能做不到禁止朋友的行为，但一定要做到不受其蛊惑。

策略三：决不下载那些色情内容

网络上的色情内容纷繁复杂，面对这些诱惑，我们切记一定不可以下载。一些小伙伴想下载一次来看一看，以此来满足自己的好奇心，但是这种行为是必须自觉抵制的。我们处于身心发育的阶段，各个方面都不成熟，自制力也不强，一旦接触了这些东西，有些人经不起诱惑就会第二次下载这些内容。因此，我们一定不要让网络色情有机可乘，要防患于未然。

策略四：不相信网络上的色情电话或者 QQ 号

现在的网络色情不只是色情网站那么简单。一些网站打开后会弹出一些 QQ 号或者电话号码，我们面对这些，一定不要相信，更不要去添加那些 QQ 号或拨打电话。拒绝网络色情，一定要坚定自己的立场。

策略五：别因"面子问题"而接触网络色情

我们应该坚信自己能够抵制网络色情的诱惑。要拥有这样一颗坚定

的心，相信什么样的诱惑在我们面前都无济于事。现在的一些同学因为自己的面子问题而去接触网络色情，他们之间甚至会建立一些微信群或者QQ群，会在里面发一些色情的图片或者动态图，并以此为一种时尚，甚至错误地视为一种成熟的表现。事实上，这是一种病态的心理，一定要学会拒绝，并不要因所谓的面子而去接触、散播网络色情内容。

策略六：若发现网络色情请及时举报

及时举报也是拒绝网络色情的一种行为。我们不仅自己不提供网络色情内容，更不参与、不浏览，遇到不良内容还一定要及时举报。不管是在现实中还是在网络上，只要我们发现一次，就举报一次。只有我们大家共同地抵制网络色情，才会有一个健康文明的网络世界。

策略七：提高自身的网络素养

互联网关联着我们每个人的生活，已成为我们生活和学习的"伙伴"。尽管网络上存在太多不良的内容，但是我们不能因噎废食而抵制整个网络。我们要抵制的只是网络上不好的内容，平时我们应该自觉提升网络素养，以提高对网络色情的免疫力，明确网络色情的危害性，理性对待这些不良信息。

大伽语录

1. 日月欲明，浮云盖之；河水欲清，沙石涂之；人性欲平，嗜欲害之。

——西汉思想家、文学家　刘安

2. 伟大人物最明显的标志就是他拥有坚强的意志。

——美国发明家　爱迪生

3. 自我控制，是最强者的本能。

——爱尔兰戏剧作家　萧伯纳

第三节　别上当，一起揭开网络骗局

网络小故事

小贾最大的爱好就是在网上购物，她经常会用省下来的零花钱在网上买衣服、买文具等，自诩为"老买手"。这次，她跟往常一样，熟练打开淘宝网，开始了"逛街"之旅。

小贾在一家店铺看中了两件衣服，她照常仔细浏览了衣服的细节，并对比了买家秀，对各方面都非常满意。接着，她又向卖家询问了诸如发什么快递、快递多久可到、质量不好是否可退货之类的问题，卖家都一一进行了答复。

就在小贾准备点击购买时，卖家突然发给她一条新的链接，并称"这里"是套餐式的，价格更优惠。一看到"优惠"二字，小贾十分开心，而网址中含有的"taobao"字样也让她打消了顾虑，她

迅速点开链接，跳出来的网页看起来正是平时购物的页面，她根据提示点击了"立即购买"图标，输入了付款密码。

可是当小贾提示卖家她已付款并要求尽快发货时，卖家却表示可能由于网络原因，没有收到货款，要她重拍一次，并承诺如果收到两次货款，她可以申请退款。于是，小贾又操作了一遍相同的流程。第二天，小贾查询自己的账户，发现卖家所说的"两小时内你申请的退款会返还给你"的承诺根本没有兑现。意识到不对劲的小贾赶紧查看了交易记录，上面显示两笔交易都已成功。她立即与那名卖家再度联系，但对方已经联系不上了。小贾恍然大悟，自己碰到骗子了！慌了神的小贾立刻联系淘宝客服。但客服表示，小贾是被钓鱼网站给骗了。

如今互联网已经融入了我们的生活，成了不可缺少的一部分，伴随着互联网发展而衍生的网络骗局更是花样百出，让人防不胜防。我们如何才能练成一双"火眼金睛"，不落入骗子的陷阱呢？

网络解码器

随着移动互联网的进一步普及，越来越多的青少年选择通过智能手机、平板电脑等移动设备上网。网络给我们带来了方便，也让我们陷入了困扰。当我们在网络的海洋中肆意遨游时，一些诈骗分子也开始利用网络兴风作浪。

故事中的小贾因为贪便宜，想以更低的价格购买到自己想要的东西，同时也因为缺乏谨慎的态度，对网络虚假链接无法识别，因此落入网络骗局。

故事中的小贾的经历离我们并不遥远，网络骗局其实就隐藏在我们身边。接下来，就让我们一起来看看，骗子们经常设下的网络骗局究竟有哪些。

骗局一：网络兼职

互联网上到处都是类似的小广告："不用大学文凭，只要在家能上网就能日赚千元"，面对如此诱人的兼职你心动了吗？很多互联网诈骗团队以"招聘打字员"、"刷单"等为诱饵，让我们先预付培训费或入会费，你的钱一到手后他们立马就消失不见了。

骗局二：游戏盗号

许多青少年都是网络游戏的高级玩家，其所使用的账号也具有较高的价值。在网游交流平台就有骗子提出要高价收购游戏账号，然后发给被骗者一个所谓交易平台的链接，一旦青少年点击了这个链接，其电脑就会感染木马病毒，进而导致账号失窃。

骗局三：抢红包

现在很多青少年都对抢红包乐此不疲，甚至在手机里安装抢红包插件，而往往一些伪装成红包式样的木马或者恶意软件的链接也隐藏在其中。这些病毒或恶意软件会导致手机信息泄露，威胁到手机所关联的银行卡等账户的安全。

骗局四：扫描二维码

有种产品促销的形式是扫描指定二维码即可获取礼品一份，这是我们走在街头常见的景象。部分青少年因青睐小礼品，拿起手机毫不犹豫就去扫描二维码。殊不知，部分恶意软件正是隐藏在二维码之中，我们极有可能在扫描二维码时将恶意软件安装到了自己的智能终端中，导致信息泄露或钱财损失。

骗局五：汇款、充话费

社交网络中，突然有一个熟悉的人让你帮忙汇款或者充话费。看起来这个人特别熟悉，头像也是熟悉的。其实，这是一个骗局，通过复制别人的相关信息，利用从朋友处获得的账号权限骗取钱财。

作为青少年，我们落入网络骗局主要是源于以下四种心态。

心态一：贪

贪婪是人的本性之一，骗子们正是看中了这一人性的弱点，才会利

用各种方法来哄骗我们上当。故事中的小贾正是因为贪小便宜,在听到卖家说用该链接付款优惠更大时,她便毫不犹豫地照做了,结果中了骗子的圈套。类似的骗局还有各类中奖消息以及考前卖答案等。

心态二:急

心急吃不了热豆腐。如若我们在遇到一些紧急事情时不能冷静思考,行事慌张,就容易上当受骗。小贾在听对方说自己第一次没有付款成功的情况下,没有冷静下来思考,没有查看自己的账户,而是着急地进行了第二次的付款操作,导致给"卖家"付了两次款。

心态三:稚

缺乏社会经验的人是骗子的主要行骗对象。故事里的小贾,虽然号称"老买手",掌握了网上购物的基本规则,但是因缺乏足够的社会经验,对一些新型网络骗局了解不够,一看到卖家发的网址中含有"taobao"字样便打消了顾虑,结果上当受骗。

心态四:奇

青少年拥有强烈的好奇心,热衷于探索新奇事物,在面对突然弹出的网络链接或特别的网站推送时,往往抱着点进去看看又不会怎样的心态,最后一步一步落入骗子布下的骗局。

网络金点子

"常在河边走,哪有不湿鞋。"无论是网络"菜鸟"还是网络高手,都可能遭遇网络骗局。网络骗局不仅是互联网发展的绊脚石,更是我们社会发展过程中的毒瘤。网络骗局固然可怕,但也并非无法战胜。下面介绍的这些小妙招就能够帮助你巧妙躲过网络骗子的魔爪,一起来学学吧!

支招一：切勿贪小便宜，遇"馅饼"请三思

天上是不会掉馅饼的，只有首先明确这一点，才能降低我们上当受骗的概率。通观诸多骗局，大多数人上当受骗还是主要源于贪小便宜的心态。我们在面对一些异常的所谓"好消息"时，要先把利益放一边，沉着冷静思考，要知道不是每一个人都能中百万大奖的，生活总是偏爱脚踏实地的人，裹着糖衣的可能不是糖，而是毒药。

支招二：警惕免费 Wi-Fi 陷阱

免费 Wi-Fi 对我们而言简直是居家出行必备，除连接公共场合的免费 Wi-Fi 外，我们还会利用 Wi-Fi 万能钥匙、共享精灵等"蹭网软件"，达到免费上网的目的。然而，这极有可能让你占了小便宜却吃了大亏。无论是公共 Wi-Fi 还是个人家庭 Wi-Fi，上网环境都存在着不小的安全隐忧。手机用户的"蹭网"行为具有风险，可能危及个人账号和密码。黑客可能自己搭建免费 Wi-Fi，引诱无线连接，暗中窥伺手机用户的隐私信息，或者趁机植入木马病毒，获取不当利益。

支招三：学会识别虚假网络链接

当我们收到一条陌生链接时，要注意查看链接的开头，如果这条链接是以 Https 开头的，这就表示了这是一条加密的链接（不加密的是以 Http 开头的），那么我们就要慎点了。另外，再看看链接的域名部分，可以百度查询一下域名的备案、whois 等相关信息来验证域名是否安全。此外，二维码的本质也是链接，面对陌生二维码和礼品诱惑，我们一定要多留心眼，拒绝随意扫描。

支招四：上正规官方网站，注意防范"钓鱼网站"

所谓的"钓鱼网站"就是指骗子利用各种手段，仿冒真实网站地址以及页面内容等，或者利用真实网站服务器程序上的漏洞在站点的某些网页中插入危险的代码，以此来骗取用户银行卡账号、密码等私人资料。因此，我们平时不要登录一些小网站，不要看不雅视频或玩暴力色情游戏，那样不但会危害我们的心灵，还会给骗子留下蛛丝马迹，给黑客制造攻击我们电脑的机会，盗走我们的密码之类的个人信息。

支招五：购物尽量使用第三方支付平台交易

我们网购时，应尽量避免直接汇款给对方，可以采用支付宝等第三方支付平台交易，一旦发现对方是在诈骗，应立即通知支付平台冻结货款。即使我们采用货到付款方式，也要约定先验货再付款，防止不法商家偷梁换柱。

支招六：保管好自己的私人信息，不随便告诉陌生人

现在青少年用QQ、微信、微博等社交软件很普遍，但是我们要注意保管好自己的相关私人资料，不要在朋友圈晒自己的私人信息，也尽量少在网吧或公用电脑上上网等。尤其在汇款给别人之前，务必要向朋友或客户核实情况，以免上当受骗。此外，在上网购物接到退款电话时，一定要提高警惕，特别是要求你提供身份证号、手机号以及支付宝、银行卡等相关信息时，千万不要轻易告诉陌生人。

支招七：账号密码要及时更换

我们生活中的各项事务都离不开密码——QQ密码、微信密码、支付宝密码、银行卡密码等等，对于这些重要密码，我们一定要做到不定期修改，不要因为嫌麻烦而共用同一个密码，因为一旦骗子破解了密码，则意味着与之相关的所有安全信息将"全军覆没"。

支招八：若发现被骗我们要做的事情

若实在不小心上当受骗了，也不要过于惊慌失措。越是危急时刻，我们越要保持头脑清醒。我们应第一时间对相关账户进行冻结，包括冻结支付宝和网银等。同时告知父母，寻求父母的帮助。此外，还应保留好相关证据，如聊天记录、通话录音、转账记录等，并以此为凭证向官方部门举报投诉。若涉及大量钱财损失，还应在父母带领下及时向警方报警。

大咖语录

1. 闪光的东西，并不都是金子。动听的语言，并不都是好话。

——英国戏剧家、作家 莎士比亚

2. 人都会犯错误，在许多情况下，大多数仍是由于欲望或兴趣的引诱而犯错误的。

——英国哲学家 洛克

第四节　别跟风，低俗炒作快走开

网络小故事

"怎样才能出名呢？"小蕊又在思考这个问题。

小蕊是一名高中生，长相清秀，身材高挑，喜欢化妆和买漂亮衣服，每天将自己打扮得美美的。在人群中，你一眼就能看到她。小蕊从小就特别羡慕那些生活在聚光灯下的人，她的梦想就是出名，让大家都认识她。可是怎样才能出名呢？这个问题一直困扰着小蕊。自己又不认识明星，也没有演艺公司愿意包装自己，要想让别人认识自己只有靠自己想办法才行。

一天，小蕊在电脑上看到一名女模特在网络上走红，短短的时间内这名女模特便成为大家谈论的话题。小蕊看到后深受启发，想

着自己也可以利用网络火起来。但是这名女模特的走红方式让小蕊犹豫了，她不敢像那名女模特那样发大尺度的照片和视频，毕竟自己还是学生，要是被父母和同学知道了，自己颜面何存？除了发那样的照片之外，还有什么方式能够让人迅速成为"网红"呢？就在小蕊冥思苦想之时，网络上又出现了另一名网红。这名网红是以炫富出名的，小蕊灵机一动，想到可以用这种方式出名。

小蕊正式开始策划她的"出名之路"了，于是便在网络上搜索如何才能成为"网红"。她炒作的第一步就是到网上发帖，她利用自己的微博发了一条帖子，称感谢哥哥在百忙中为自己庆生，谢谢哥哥送的爱马仕衣服。随后附上一张自己与同学的合照，照片中的男生打了马赛克。又是哥哥，又是爱马仕，还有自己的美照，此微博一出，便引来了大量网民的关注，下面的留言更是比平常多出数倍。这次引来的关注让小蕊有些欣喜，想着自己再多模仿几次其他网红的帖子，应该就能很快红起来。于是小蕊每天都在谋划着自己下一次模仿发帖的内容。可是就在不久后，那名炫富的"网红"出了麻烦，而且就连曾经发视频和照片的那名女模特网红也渐渐淡出了人们的视野。这让小蕊恍然大悟——低俗的炒作最终只会害了自己。从此，她开始踏踏实实地学习。

在生活中，一些人为了出名、为了利益不惜进行低俗炒作，给社会发展带来了不良影响。低俗炒作的危害有哪些？我们如何才能避免自己陷入低俗炒作之中呢？

网络解码器

随着移动互联网的高速发展，网络炒作近几年来快速兴起。高级的网络炒作有时会是一种很好的营销手段，然而低俗甚至恶俗的炒作，则是低级行为。特别是近几年通过低俗炒作而红起来的"网红"，给我们的人生观和价值观形成了不好的示范作用。故事中的小蕊就是受到"网红"的影响，想通过模仿"网红"而出名，最终才发现跟风的低俗炒作是对

自己的成长不利的。

炒作现象在网络上随处可见，已经成为我们讨论的一个焦点。网络炒作具有成本低、效果显著、传播速度快、传播面广、互动性强、参与性高、导向性强等特点。正是因为它的这些特点，导致了它的盛行。很多"网红"的走红就是网络炒作推动的结果，我们接下来就来聊聊为什么会产生网络炒作的现象。

一、娱乐猎奇心理的推动

有时候我们的生活和学习压力很大，需要通过娱乐来放松自己，进行减压。于是我们就倾向于去关注那些娱乐性较强的搞怪事件，以此来满足我们内心那种强烈的信息需求。加之，我们处在新媒体时代，获取的信息越多样化，越容易被那些具有娱乐性的信息所吸引，这在客观上推动了网络炒作现象的发生。

二、个人追求走红的心理需求

在市场经济迅猛发展的今天，外来文化日益冲击着我们，社会的价值观日益呈现多元化，追名逐利成为我们身边一些人的目标。在这种价值观的驱动下，他们开始寻求出人头地，渴望一夜成名。他们不愿通过辛苦付出来实现自己的明星梦，而选秀、搞怪、曝丑等就成为他们出人头地的最

好捷径，于是选择用网络炒作的方式使自己火起来。

三、新媒体为网络炒作提供了平台

在新媒体时代，信息传播的渠道更加畅通。在这个背景下，通过网络进行炒作变得更加快捷。有时候我们发布的一条信息，可以通过微博瞬间传达给成千上万人，由此可见网络媒体力量之强大。新媒体的技术优势为炒作提供了平台，使得网络炒作现象愈演愈烈。

四、开放自由的传播环境

互联网具有全方位的开放性，这种开放性使得我们每一个人都可以发布信息、传播信息。网络的开放、自由，使得我们同时成为信息的接受者和传播者。互联网的开放性也让网络炒作有了很好的传播平台，每个人都可以利用网络进行炒作，同时我们也在不自觉地传播着别人的炒作信息。

在新媒体迅猛发展的今天，网络上的低俗炒作现象折射出了某种不良倾向和部分人追求成名走红的不健康心理。这种低俗的炒作现象会玷污我们的社会风气，甚至使得我们的人生观和价值观受到影响。

影响一：淡化我们的政治理想和社会责任感

我们应该成为一个有理想、有道德、有文化、有纪律的未来公民。网络上的低俗炒作是以牺牲社会责任感作为代价的。

影响二：使传统价值观遭遇"信任危机"

低俗的网络红人通过炒作在众多网民中"脱颖而出"，他们绞尽脑汁，甚至不择手段、不知廉耻，以造谣、诬蔑他人的手段来突出自己，博取眼球。由于我们的价值观还没有完全形成，这种利己主义和个人主义价值观的泛滥，无疑是对我们有害的。

影响三：导致我们的人生观发生错位

现在有部分人利用低俗的炒作来达到自己的目的，会使我们误认为不用努力学习，只要胆子大，敢于抛头露面，再找几个懂得网络运营策划的人就能成名，从而获取财富。低俗的炒作会极大地助长浮躁的风气，滋长投机取巧的心理，使我们的人生观发生错位。

网络金点子

当前出现的低俗炒作之风，正变成一种流行文化生态，走上社会公共话题的前台。乱花迷离，不仅扰乱了我们的视线，也造成我们审美观、价值观的迷失。从芙蓉姐姐到凤姐的一夜走红与被追捧，从贾君鹏帖子的"被创作"到养生专家身份的"被神话"，这些低俗炒作使部分人的价值观渐渐迷失。

我们现在正处在人生观、价值观形成的阶段，缺乏成熟的判断力和鉴别能力，在网络低俗炒作面前很容易人云亦云随大流，以致误入歧途。如果我们长期受到网络低俗炒作的刺激和感染，后果将不堪设想。

看到这些低俗炒作，你是否不知所措，甚至有些恐慌？我们如何才能理性地辨别网络炒作事件，使自己免受网络低俗炒作之害呢？下面，我们就一起来看看网络低俗炒作的一些手法。

手法一：发表大尺度照片进行炒作

随着微博、微信等社交媒体以及自媒体的迅速发展，想通过低俗炒作而出名的"网红"越来越多，其手段"只有你想不到，没有他们办不到"。故事中提到的那名女模特就是因大尺度照片而走红的，网络上还有很多以同样方式走红的人。

手法二：故意制造极致反差进行炒作

部分人员为了走红，故意利用人们的心理反差来吸引人们关注，让我们为其炒作埋单。故事中的小蕊就是学习了某个"网红"的炫富手法，来吸引人们的目光。还有些人利用在地铁车厢内摆桌吃喝、在地铁扶手横梁上晾衣服等违反常理的事件来进行炒作。

手法三：通过扯上名人来进行炒作

名人效应可谓是人物炒作的首选，为了快速出名，一些人故意"消费"名人，制造事由，跟部分知名人士扯上关系来制造话题。这样做确实能引起一时的轰动，但同时风险也较高。

手法四：以爆料所谓"内幕消息"进行炒作

一些人通过发表一些所谓的"内幕消息"而走红网络，自己策划、组织自曝"内幕"来引发舆论关注。

网络低俗炒作的手法层出不穷，我们一定要保持清醒的头脑，不要轻易相信，更不要跟风参与其中，而是要学会几招来对付这些网络低俗炒作。

招数一：理性对待，切勿围观

网络低俗炒作之所以层出不穷，很大原因是出于一种猎奇的看客心理。新闻学有句名言："狗咬人不是新闻，人咬狗才是新闻。"炒作也是一样，它抓住人类天生的窥探欲，加以发挥利用。所以，作为青少年我们要洁身自好，不围观，更不要推波助澜，不要对低俗炒作的行为点赞。对于那些低俗炒作的帖子，不点击，不跟帖，只要没了市场它也就自行消亡了。

招数二：提高品位，切勿跑偏

现在有部分人素质不高、品位低俗，热衷于当低俗炒作的二传手，使炒作有了市场。网络是一个大容器，充斥着各种各样的文化现象，高雅的、低俗的，真实的、虚假的都有。我们一定要提高自身素质，提升文化品位，自觉地抵制网络上的低俗炒作之风。要保持清醒的头脑，要有自己独立的判断，不能人云亦云，从众跟风，否则跑偏了，丢了"节操"，最后受伤的还是自己。

招数三：增进网德，学会鉴别

网络世界变幻莫测，瞬息万变，而我们的身心都还处于发育阶段，对于网络世界中出现的事情往往缺乏明确的认识。我们应自觉学习网络道德知识，提高信息甄别能力。在平时的生活中，我们要多阅读有关网络道德、网络安全、网络文明的书籍，多参加各种网络道德教育实践活动，以增强对网络低俗信息的抵抗能力等，自觉遵守网络道德和法律。

大伽语录

1. 在荆棘道路上,唯有信念和忍耐能开辟出康庄大道。

—— 日本松下集团创始人　松下幸之助

2. 真理唯一可靠的标准就是永远自相符合。

—— 美国篮球运动员　欧文

3. 真实是人生的命脉,是一切价值的根基。

—— 美国作家　德莱塞

第七章 拒绝奴役，做互联网小主人

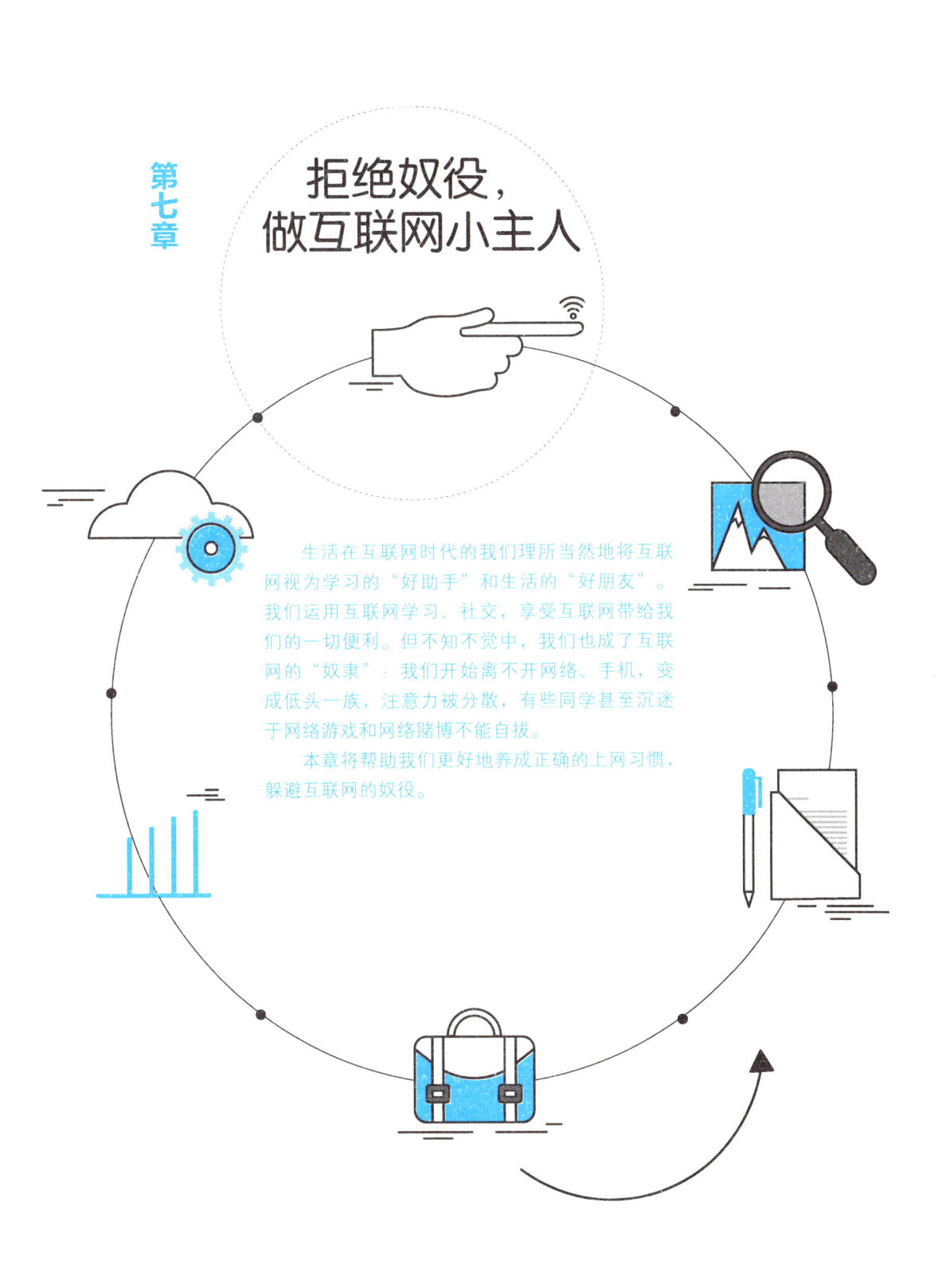

生活在互联网时代的我们理所当然地将互联网视为学习的"好助手"和生活的"好朋友"。我们运用互联网学习、社交，享受互联网带给我们的一切便利。但不知不觉中，我们也成了互联网的"奴隶"：我们开始离不开网络、手机，变成低头一族，注意力被分散，有些同学甚至沉迷于网络游戏和网络赌博不能自拔。

本章将帮助我们更好地养成正确的上网习惯，躲避互联网的奴役。

第一节　别让网络分散你的注意力

网络小故事

小洛是个爱学习的女孩，平时喜欢看书、练字，学习成绩十分优秀，可自从父母给她配了电脑和手机后，她开始发现学习效率变低了，注意力很难集中，时间也总是不够用。

周六早上，小洛照例坐在书桌前开始写作业，她准备先花一个小时完成作文，再花一个半小时做数学作业。正当小洛准备思考文章框架时，她的手机响了，原来是班级群内正在讨论下周的春游计划。她马上放下笔加入热烈的讨论中，不知不觉半个小时就过去了。

小洛刚准备放下手机写作文，一条新闻信息推送又弹了出来——"知名艺人××离婚"，这名艺人正是她的"爱豆"（英文为 idol，指偶像）之一。她立即点开新闻查看，看完又到新浪微博搜索相关话题和热门消息，并浏览一下网友评论。对于分析得合理的评论小洛都一一点赞，而有关诋毁她"爱豆"的言论她也毫不客气地予以回击。等她把相关信息了解得差不多，一个小时又过去了。

小洛这才惊觉早上的时间已过了大半，而作文仍然只有题目。她懊恼地放下手机，并将手机调成了静音。

手机"安静"下来后，小洛的作文写得十分顺畅，但过程中涉及一个成语的用法不太确定，她马上点开网页进行搜索，但还未来得及输入成语，小洛的注意力又被网页上推送的一条连衣裙的广告吸引住了，跟着网页链接，她进入到淘宝界面，开始浏览各式各样

的连衣裙。正当小洛在淘宝网逛得不亦乐乎时，楼下响起了妈妈叫她吃午饭的声音，一个上午的时间就这么过去了。

看到写到一半的作文，小洛后悔不已，但同时又觉得疑惑，专心学习为什么这么困难？到底是什么分散了我的注意力？

不知从什么时候开始，我们的注意力被五花八门的信息所冲散，我们的时间也在不断浏览信息中流逝，互联网时代让我们足不出户便可知天下事，但我们付出的代价或许正是不断被分散的注意力。你每天的注意力都用在了什么地方呢？

网络解码器

随着移动互联网技术的迅猛发展，手机和电脑已经成为我们生活中不可缺失的一部分，我们已经习惯在电脑上同时打开多个窗口，处理多件事情。听会儿歌，看会儿视频，和 N 个人聊天，遇到好奇的东西用搜索引擎查询一下，时不时刷新邮箱、微博或者网站查看新消息，个别"勤奋"的同学可能同时还在更新空间、微博或朋友圈。当我们在电脑上手忙脚乱时，手机也在旁边热闹不已，渐渐地我们已分不清到底是在刷手机顺便上网，还是上着网顺便刷手机。

我们都听过小猫钓鱼的故事：猫妈妈带小猫去钓鱼，小猫一会儿捉蜻蜓，一会儿捉蝴蝶，最终一无所获。如今，我们也在不知不觉中变成了这样一只三心二意的小猫，只不过分散我们注意力的既不是蜻蜓也不是蝴蝶，而是互联网带给我们的"丰富信息"，它或许是自动弹出来的新闻，或许是跳动的 QQ 和微信消息……所有的这些，其实吸引了我们的大量注意力，窃取了我们的学习时间，让我们的学习效率大打折扣。

很多人认为同时处理多项任务是节约时间的表现，因为我们可以在固定时间内完成多项事务，这大大提高了我们做事情的效率。那么，实际情况果真如此吗？所谓的"多任务"处理本质上是对注意力的分散，这种做事方式实际上是促使我们在不同的任务之间迅速切换注意力，而并非多个任务同时进行处理。分散注意力的危害比我们预想中的还要大，浪费时间、降低学习效率可能是它带来的最轻微的负面效应，长期处在注意力被分散的环境中，我们的创造能力和思考能力会受到压制，记忆力和自控能力也有可能受到损害。

1. 压制创造和思考能力

创造是一种历时较长的脑部活动，这种活动要求我们隔绝外界的干扰，对外界的无关信息和人员关闭思维大门，保持一种"心静"的状态，而这一状态的维持至少要在 11 分钟以上。纵观古今中外的著名作家，没有谁是在注意力被分散的状态下完成创作的，因为每一种创造活动都要求我们潜心静气、全神贯注。思考同样是一项孤独的活动，思考需要我们将零散的、片面的、非一致的信息整合起来，予以分析、整理、归纳，并按照一定的逻辑结构将其组织起来，最终形成一个完善的、完整的思维体系。

处于思考状态的人通常会将自己置于公众关注之外，因为大多数的交流会让人分心，对无关信息的回应会中断思考过程。因此，在注意力不集中、思维大门随意开启的状态下，即使我们的学习能力和创造力十分强大，我们同样会面临着思维短路、任务完成不好的尴尬局面。

2. 损害记忆力和自控力

注意力、记忆力以及执行控制力是思维的基本要素，我们的有效学习离不开这三者的共同作用。注意力的习惯性分散，让我们失去了深度思考的能力，对纷繁复杂的信息缺乏整合分析能力，这将导致我们甚至对于刚发生的事情都记忆混乱，或者突然想不起一个人的名字、一个成语或一句古诗词；明明很熟悉的事务，在思维突然短路的情况下，怎么也回忆不起来。

注意力的分散还会渐渐成为我们逃避困难的方式，当做作业遭遇瓶颈时，我们会下意识地拿起手机刷刷微博，或者更新一下朋友圈。殊不知，这种下意识地分散注意力的活动破坏了我们思维的连续性，它并不会对我们解决现实中遇到的难题有所帮助，反而会助长我们遇到困难逃避的心理，久而久之便会让我们的自控能力陷入"瘫痪"之中。

总结一下自己的一天，你是不是也在这样一种不断分散注意力的环境中度过的？我们是不是只能任由注意力被互联网所剥夺呢？

网络金点子

我们已经了解了不断分散我们注意力的正是每天伴随着我们的互联网，也懂得了注意力分散对我们的学习和生活造成的种种不利影响，那么，我们怎么才能从这种困境中脱离出来呢？不上网吗？在信息即能量的数

字化时代，我们当然不可能独立于互联网而存在，但我们至少可以控制自己，少受互联网的不利影响。

一、时间都去哪儿了

我们经常会为自己制订一个完善的学习计划，并于每一天的清晨意气风发地敦促自己完成学习任务。但当一天快结束，我们躺在床上的时候，书桌上摊着的经常是我们没有完成的单词任务、写得一塌糊涂的作文或并没有翻动的课外书……我们禁不住会问，时间都去哪儿了？或许我们从来没有意识到自己竟然不知不觉地在网络上花费了如此多的时间。"知己知彼，百战不殆。"拯救注意力被分散的第一步就是发现时间都去了哪里。

1. 跟踪软件使用量： 我们在哪些软件上所耗费的时间更多呢？一些时间追踪程序可以帮助我们解决这一问题。下面就向大家介绍几款比较受欢迎的时间追踪工具吧。

Chrometa：这是一款桌面应用程序自动捕获的工具，它能够准确地记录我们在电脑上都做了什么。如果在一天之内，我们多次停下手中的学习任务去查看邮箱、上社交媒体，那么这个程序会将这一情况如实反映出来。

ManicTime：一款用于跟踪我们每天在电脑前做什么的时间管理软件，ManicTime 会在后台静默运行并跟踪记录我们每天在各种程序上所花费的时间，然后生成报表，最终帮助提高工作效率。

Time snapper：可以有效跟踪软件使用量，还能得出详细的结果报告，让我们可以知道自己什么软件使用率最高。

2. 跟踪网页浏览量： 对于经常上网的人来说，浏览网页所耗费的时间可能比各类软件使用的时间还要高。一些浏览器插件可以让我们清晰地了解自己都将注意力投放到了哪些网页上。

TimeTracker 插件：这是 Firefox（火狐浏览器）的一款插件，它的唯一功能便是记录用户在网页上停留的具体时间。

MeeTimer 插件：这款插件可以跟踪我们的网页浏览量并且提供非常

详细的数据列表，还可以建立 Group 分类来帮助我们更好地管理和利用时间。

二、尝试每月脱网一天

处在互联网时代，我们不可能强制自己完全不上网，但至少可以尝试每月脱网一天。在这一天当中，我们不要与网友有任何接触，远离手机和电脑，远离 QQ 和微信，远离邮箱和微博，让自己的思维处于一个放空的状态，静静地思考，或深度地阅读一本书，回归心灵的宁静与放松，感受注意力的集中。

三、在学习时间内脱网

学习需要我们注意力集中，因此在学习时我们尽量不要开电脑，并且将手机调至静音状态或关机。有些需要用电脑完成的作业，我们可以通过给电脑断网的方式来避免自己被无关信息干扰，具体做法就是打开电脑控制面板，选择网络，再选择断开网络。当学习时遇到需要上网查资料的情况，可以用本子将上网要做的事记录下来，等学习任务完成之后统一查询。千万不要中途上网，因为我们很有可能像本节故事中的小洛一样，在上网查资料的过程中误入互联网的"花花世界"。

四、控制对即时通信软件的使用

即时通信软件虽然丰富了我们的社交生活，但同样也吞噬了我们许多宝贵的时间。微信、微博和 QQ 已经成为我们生活中必不可缺的"三大件"，频繁地查看朋友圈、刷新微博和 QQ 空间是我们多数人在不知不觉中养成的一个坏习惯，这种对通信软件无意识的关注行为是阻碍思考的绊脚石，会让我们在学习时事倍功半。因此，在我们学习时，如果登录了 QQ，可以保持隐身状态，这样会减少接收到的琐碎消息，同时我们可以关闭提示音和自动弹出，避免被消息干扰到而影响学习效率。另外，我们还可以对这类上网行为进行时间控制，比如专门设置一个时间提醒自己该查看邮件了，或者该看看朋友圈了。

五、借助时间管理软件

"番茄工作法"是简单易行的时间管理方法。使用番茄工作法，选择一个待完成的任务,将"番茄时间"设为25分钟,专注工作,中途不允许做任何与该任务无关的事,直到番茄时钟响起,然后在纸上画一个"X"短暂休息一下(5分钟就行),每满4个番茄时段多休息一会儿。以番茄工作法为基础的"番茄闹钟"等App软件可以帮助我们在有限时间段内集中注意力,极大地提高我们的学习效率。每完成一个"番茄",我们都会有意想不到的成就感。

互联网依靠我们的注意力而生存。我们的注意力给互联网提供养分和补给,互联网为我们提供更多的信息和服务,它会越来越懂我们,也会越来越吸引我们的注意力。然而,我们的注意力是有限的,将注意力全部留给互联网的话,那我们又能留下什么给深度思考和创造呢?管理好你的注意力和时间,它应该被投放到更有价值的事情上去。赶紧对上网时间进行合理限制吧!

大伽语录

1. 一个人不能骑两匹马,骑上这匹,就会丢掉那匹。聪明人会把凡是分散精神的要求置之度外,只专心致志地学一门,学一门就要把它学好。

——德国作家 歌德

2. 不一则不专,不专则不能。

——北宋文学家 苏轼

3. 与其花许多时间和精力去凿许多深井,不如花同样的时间和精力去凿一口深井。

——法国作家 罗曼·罗兰

第二节 网络游戏，是消遣不是生活

网络小故事

小海的学习成绩一般，也不爱和同学们交流，在班内总是没什么存在感。这天，闲来无事的小海无意间在网上发现了一个角色扮演的江湖游戏，而他平日里最喜欢看的就是武打电影。小海很快注册了游戏账号，并选择了自己喜欢的身份——一名侠客。

初玩游戏的小海级别和修为低，组队打怪时总是被队友嫌弃，而游戏里的"大神"们走到哪里总是受人追捧，这让小海十分羡慕，可升级修为、购置装备都需要大量的游戏币，游戏里提供的虚拟交易币根本不够用，如果靠自己在游戏里"赚钱"又着实太慢了。混了一段时间后，小海终于知道，这些升级很快的"大神"们大部分都是人民币玩家，通过充值兑换游戏币后很快就能升级。小海立即往自己的账户中充值了一百元，仅仅一个下午，他的账号就连升了十几级。

大神

网络语言，即神一般的人物，在各大游戏、贴吧、论坛、小说网等中都常见到。在各大游戏社区中，大神一般指资深玩家或元老级玩家。

人民币玩家

指在网游中花费大量人民币的玩家。

游戏的快乐让小海无法自拔，尝到甜头的他一个月内就往账号中充值了九百多元，很快便在游戏中崭露头角。有新人开始追随他的脚步，称他为"大神"。他很享受这种被人崇拜的感觉，在游戏世界里，没有人会在意他的学习成绩，他就是拔尖的那一部分人，

是受人追捧的"大侠客"。

小海将更多的时间投入到了游戏中，每天晚上总是玩到凌晨，过度玩游戏让他整天没精打采，脸色蜡黄，身体素质严重下降。但他已经不能从游戏中脱离出来了，他已经和他的游戏融为一体，他是活在游戏江湖中的侠客，而不是现实中的学生。

小海的成绩直线下降，从中游滑到了下游水平，他玩游戏的事也被父母发现了。看着父母失望的眼神，小海懊悔不已，他怎么也想不到仅仅一个游戏就让他的生活在短短一个月内发生了翻天覆地的变化。

网络游戏在一些同学眼中可能是学习劳累后的消遣活动，但对于某些沉溺于网络游戏的同学而言，网络游戏就是生活中不可缺失的一部分。那么，网络游戏究竟有什么样的魅力让无数青少年难以自拔呢？过度沉迷于其中对我们的学习和生活又将产生怎样的危害呢？

网络解码器

随着网络游戏的大肆兴起，越来越多的青少年热衷于甚至沉迷于网络游戏的虚拟世界中，学校和家长更是视网络游戏为"电子海洛因"。

究竟是什么原因让青少年对网络游戏如此狂迷呢？

原因一：渴望在网络游戏中释放压力

从表面上看，我们选择娱乐的方式是受兴趣的引导，但实际上，更深层次的原因还是在于我们的心理压力大。网络游戏也因此成为我们释放压力的一个出口。网络游戏为我们塑造了一个全新的世界，那里没有繁重的学习，没有恐怖的考试，没有家长的唠叨，没有学校老师的监督，在玩游戏时，我们的注意力被游戏中刺激的画面所牢牢吸引，操作时的快感会让我们无暇顾及现实中的烦恼，这种无压力感让我们沉浸其中，进而无限纵容自己。

原因二：渴望在网络游戏中找到归属感

在网络游戏中，时空距离被打破，人与人之间的联系变得更加紧密，不同的网络游戏将不同的人聚集起来，在这样一个虚拟的时空之中，大家都有共同的话题和共同的目标，我们的交友范围扩大了，交友选择变多了，游戏中的"伙伴"有时显得比现实中的朋友还要了解自己。在游戏中，我们还能拥有一种"找到组织"的安全感和归属感。故事中的小海由于在现实中没什么好朋友，便渴望在网络游戏中寻找"并肩作战"的小伙伴，这让他很快产生了对网络游戏的依赖感。

原因三：对尊重感和自我实现的需求

网络游戏的虚拟性和对现实规则的重塑性一定程度上可以满足我们在现实世界中无法获得的尊重和自我实现的需求。在网络游戏中，游戏等级和战斗能力就是身份的象征，不少人因为在现实中不如意，便将大量的时间、精力乃至金钱投入游戏中，渴望晋级为游戏中的"大神"，受人敬仰。小海因为成绩一般，不爱与人交往，在班级内存在感低，而游戏中的"大神"身份让他受到了前所未有的关注与尊重，他可以在游戏中充分展示自我，满足了"自我实现"的需求，因此越陷越深。

原因四：盲目追逐社会潮流

如今的网络游戏并不仅仅是一项休闲娱乐活动，而是已然成为时尚的代名词。明星们在微博中晒自己的游戏成绩，知名网络主播直播自己的游戏过程，一些网络游戏的"术语"频频出现在微博头条上，久而久之，网络游戏逐渐形成了一种社会潮流和风尚，当喜欢的明星在玩游戏时，当周围的朋友都在玩游戏时，当人们谈论起游戏时眉飞色舞而自己对游戏中的术语却一无所知时，我们常常会产生一种与时代和时尚脱节的自卑感，并由此驱使自己加入网络游戏大军的队伍中。

网络游戏的确是"魅力无限"，然而，当我们在网络游戏中尽情释放压力，享受它带来的刺激感和趣味感时，网络游戏中的一些不良信息便会给我们的学习和生活带来无穷的"麻烦"。

麻烦一：浪费大量的金钱和学习时间

网络游戏有其成熟的盈利模式，人民币玩家和普通玩家之间的差距不是仅仅靠操作技术可以消除的。为了吸引玩家充值，网络游戏通常会推出一些吸引人的装备，只要穿上这些装备，玩家的战斗力就会大幅度提升。当然，这些装备可并不是免费的。而且，网络游戏中人物的升级需要大量在线时间和经验，要想游戏角色等级高，必须要保证每天有大量的在线时间做任务。多数网络游戏为保证玩家对游戏的"黏性"，往往会推出"每日签到"功能，通过赠送经验或游戏币的方式吸引玩家每天上线签到。当原本用于学习的时间都投入到了网络游戏之中时，我们又怎么能取得好的学习成绩呢？

麻烦二：损害我们的价值观和道德观

网络游戏有其独有的一套"生存法则"，为我们营造了一个弱肉强食的世界。在网络游戏中，等级高的玩家可以随意欺侮等级低的玩家，打打杀杀这类行径在现实中会遭受法律的制裁，但在网络游戏中却是最为常见的景象。长期浸染在这种环境中，我们的价值观和道德观会发生扭曲，会开始逐渐认可欺负弱小有理、遇到问题可以依靠暴力解决的处事法则，并将这套游戏的"生存法则"用于现实生活中，严重者还有可能走上犯罪的道路。

麻烦三：自控能力下滑

处于青春期的我们自制力比较弱，一些学习任务还需要依赖老师和家长的敦促才能完成。而网络游戏的"麻醉功能"会极大地摧毁我们原本就比较薄弱的自控能力。在网络游戏中，为了赢得其他玩家的尊重，为了获得队友的肯定，我们会对经验、装备、技能升级、团队作战有一种痴迷的向往，而这些都要求我们投入更多的时间和精力，因此，我们在接触到一款游戏，感受到它的魅力之后，通常会保持每天上线的频率，并渐渐将游戏纳入生活必备，对它"难舍难分"，我们的自控能力将因此严重下滑，在本该学习的时间我们会忍不住玩游戏，在本该睡觉的时间我们也用来玩游戏，这种自控能力的逐步瓦解最终会让我们染上网络综合征，直至摧毁我们的学习和生活。

网络金点子

处于青少年时期的我们很容易被网络游戏所诱惑，从而沉迷于其中，忘记自己身为学生的本职任务——学习。学生阶段是我们生理、心理成长，人生观和价值观形成的关键时期，只有正确面对网络游戏，消除网络游戏的负面影响，我们才能扫除成长障碍，认清未来的方向。

一、认清网络游戏的本质

本质一：获取收益

网络游戏实际上就是一种服务类商品，它的最终目的是为了盈利。一款网络游戏的开发和维护需要大量的人员费用、服务器费用和宣传费用等，而这些当然是由玩家来埋单的。许多人玩游戏不仅是为了放松和消遣，还是为了在游戏中获得一种存在感和成就感，但在不充值的状态下，成为"大神"之路就会变得漫长无期。

本质二：无休无止

在网络游戏中永远是没有尽头的，它的设计理念就是让我们没完没了地玩下去。游戏玩家在升到一定的等级之后，网络游戏开发者又会开放出更高的级别，抛出更加吸引人的装备或技能等。为了保持玩家对游戏的新鲜感，开发者会源源不断地设计出各种复杂的任务，吸引玩家不断挑战自我，在网络游戏中，我们永远有事可做，也永远做不完。

我们可以按照网络游戏的规则来对我们的时间和金钱投入进行计算，算一算为达到最高级别，获取一身顶级装备需要的大致时间和金钱，结果或许会让我们咋舌。而当我们关掉电脑、面对现实生活时，我们又拥有什么？我们或许可以利用这些金钱购买一些书和学习用品，利用这些时间来改变自己某一门学科的薄弱情况，或者学习一项新的才艺。

二、培养健康的娱乐项目

不少青少年沉溺于网络游戏都是由于现实生活缺乏乐趣，希望在虚拟世界中通过角色扮演找到快乐。我们要明确，自己作为一个社会的人，不能脱离社会而生存，当意识到自己正沉溺于网络游戏世界时，我们可以通过参与健康的娱乐项目转移自己的兴趣。我们应该在平时多和朋友、同学交流，寻找共同的爱好，也可以通过运动来释放压力，强化身体素质，如坚持跑步等。当我们的心灵感受到充实时，我们自然不会再将过多的精力投入到网络游戏中。

三、坚决抵制不良游戏

除一些普通的网络游戏外，网络游戏行业还混杂着许多存在暴力和色情的不良游戏。这些游戏往往以夺人眼球的画面、刺激的标语吸引玩家，游戏规则多荒诞不经，对我们的人生观和价值观将产生严重的不良影响。如暴力游戏中宣扬的犯罪无责，怂恿我们在游戏中展露人性的丑恶，长此以往，我们可能会丧失正常的道德观念，从模拟暴力发展为现实暴力，甚至走上犯罪的道路。

正常的网络游戏并非罪不可恕，适当接触网络游戏可以增强我们的正义感和社交能力，把网络游戏作为一种适度的娱乐还可以改善我们的心理状态，甚至可以发展成为我们未来的职业和事业。但这些有益之处都是建立在我们拥有良好的自控能力的基础之上的。网络游戏不可怕，可怕的是我们没有节制地沉溺于其中，将网络游戏世界与现实世界相混淆。

大伽语录

1. 哪怕对自己的一点小小的克制，也会使人变得强而有力。

——苏联作家 高尔基

2. 念起即觉，觉已不随。

——《金刚经》

3. 能约束自己的人，最有威信。

——古罗马政治家 塞涅卡

第三节 躲避网络赌博的"劫持"

网络小故事

小乐最近被一名网友以"赚钱"的名义拉入了一个微信红包群，据网友所说，这个群里的都是"土豪"，他们闲来无事就会在群里发红包消遣，多则几百，少则几十，每天只要抢几个，这周的零花钱就不愁了。

小乐听了十分心动，他半信半疑地观察了两天，发现果然如此，这些"土豪"每天不定时地都会发一些红包出来，不到几秒就被大家一抢而空。渐渐地，小乐也参与到抢红包大战中，而且"收入颇丰"，仅仅两三天就抢到了一百多块钱。

正当小乐抢红包抢得不亦乐乎时，群里的一个"土豪"突然发话了："每天就我们几个发也太没意思了，我们玩红包接龙，每次发十块钱，十个人抢，红包数额最低的那个人接着发。"

小乐听了觉得十分刺激，十块钱也不多，况且自己也不总至于每次抢到最低的吧？游戏开始后，小乐连续抢了几次手气第一，只有一次手气最差，但收入的红包数额远多于发出去的10元钱，仍处于赢钱状态。

渐渐地，有人提出10元不过瘾，要求加到50元，玩了几把后又升级到100元，小乐抢到几次小红包后，不幸抢了个金额最低的，但他心想发 100 块也不亏呀，自己赚了不少钱了，况且也能再抢回来。可哪知道，小乐后面每次抢到的都是几块、十几块，发出去的却总是 100 块，他开始"入不敷出"。

不服输的小乐开始将自己的压岁钱转入微信钱包，希望能够"东山再起"，但不到半天就输得精光。还想赢回来的他转而向好友小冬借钱，知道缘由后的小冬告诫小乐，红包接龙也是赌博的一种，不能再玩，而且游戏中的玩家很有可能是借助一些抢红包的软件获利的。

小乐陷入了疑惑，微信红包接龙也算是赌博吗？那周围有同学经常充值欢乐豆在网上斗地主，也算是赌博吗？

"赌博"这个词对我们来说并不陌生，不为娱乐的打麻将、打扑克牌是赌博，掷色子、买六合彩也是赌博，但看了小乐的故事，我们也许要发出同样的疑问，网络上的赌博指的是什么？它与传统赌博相比有何特点和危害？我们怎么才能识别网络赌博并学会抵制它呢？

网络解码器

随着移动互联网、智能手机的普及，很多赌博正在从传统的桌子上转移到另一个安静的战场：网络。和传统的赌博相比，网络赌博没有摆在桌上的码成堆的现金，但"吸血"的速度却有过之而无不及。总而言之，披着互联网外衣的赌博呈现出下面这样一些新的特点。

特点一：隐蔽性强

网络赌博的"场所"是在互联网平台上，玩家无论在何时何地只需具备电脑和网络便能进行赌博行为。小乐参与的红包接龙游戏发生在微信聊天群这种私密场所中，一般人很难发现，监管部门侦查也非常困难，虽然涉及金额不多，但一个红包发出来不到几秒就被抢光了，这种短时间投注使得资金流通迅速，最终导致小乐不到半天就输得精光。

特点二：欺骗性强

绝大多数网络赌博都是通过网银支付。不法分子用这种手段，给参与者一种错觉，认为既然支付途径是合法的，那么这种支付赌资的行为也是合法的。另外，有些不法分子还大肆虚假宣传，说网络赌博是一种游戏，是国家允许的，欺骗和诱导一些人员参赌。在故事中，小乐被网友以"赚钱"的名义拉入微信群抢红包，由于微信红包十分平常，小乐并未识别出所谓的红包接龙是一种网络赌博，他抱着参与游戏赢钱的想法陷入其中，如果不是好友小冬的提醒，他可能仍然不能醒悟。

特点三：宣扬网络时髦公平，诱导性强

相对于传统的桌面赌博，参赌者认为网络赌博是新型玩法，由电脑自行运作数据，人为操作和造假的可能性较小，所以放心投注。在小乐看来，抢红包这种随机性的行为公平性较强，全凭运气，就算输了仍然抱着再试下手气的想法，但其实，很多"红包神器"软件能帮助玩家成功躲避"最小红包"。这种软件能透视已经摸红包多少个，被人抢了多少金额，能够察觉后面几个红包是否具有危险，在不危险的前提下可以抢。

特点四：虚拟性强，容易成瘾

在网络赌博中，我们的钱通常会被兑换成虚拟筹码，如大家比较熟悉的欢乐豆就是一种虚拟筹码。在用虚拟筹码下注时，我们往往会缺少心理压力，觉得花的不是钱，而是游戏币，这更容易导致我们网络赌博上瘾。不少人甚至在不知不觉中一夜就输掉巨款。

由赌博而造成的悲剧，在社会上数不胜数，赌博也被认为是破坏社会安宁的祸源之一。网络赌博虽然改变了赌博的面貌，但仍然改变不了其本质。对于青少年而言，网络赌博带给我们的危害极大。

危害一：造成金钱损失

青少年没有挣钱能力，主要依靠父母给予或亲戚长辈发的红包，而网络赌博具有较高的风险性，一不留神就可能吸走我们辛辛苦苦存的压岁钱。

危害二：容易染上赌瘾，进而影响学习和生活

赌博时，人的大脑处于兴奋状态，赢了想再多赢，输了想回本，无论哪一种想法都会让人一赌再赌，难以收手。染上赌瘾后，我们便再无兴趣和精力来学习。

危害三：影响我们的人生价值观，甚至诱导我们走上犯罪的道路

网络赌博可能会导致我们产生贪欲，进而使得我们的人生观、价值观发生扭曲，期望不劳而获，一旦这种思维在我们的头脑中扎下根，我们就很有可能走上偷窃、抢劫等违法犯罪的道路。

网络金点子

移动互联网的发展不仅给传统行业带来了发展的机遇，也让赌博借助网络平台变得更加多样化和具有迷惑性，学会识别网络赌博是我们躲避网络赌博"劫持"的第一步。那么，网络赌博究竟包含哪些类型呢？

类型一：赌场直播

这一类型的赌博主要是依靠直播实际的赌场来实现的，而用于直播的赌场可能并不开门营业，而仅仅是用于网络直播。在赌场直播中，赌博参与者可以在互联网上下注。

类型二：外围赌博

这些赌博往往依赖于合法的博彩业，例如：在体育彩票、福利彩票或者体育比赛的结果的基础上计算得到赌博的依据。地下赌球就是一种典型的外围赌博。

类型三：倒卖游戏币

游戏币和游戏豆这种虚拟赌注在合法的棋牌游戏中是不允许兑换成人民币的，然而，一些不法分子通过外挂或者作弊等手段获取大量游戏币，甚至收购游戏币，然后向玩家兜售，从中赚取差价。

类型四：红包赌博

这种赌博往往依赖于能够进行支付的平台，例如微信、支付宝。这种赌博的基础就是红包的随机性。一般情况下参赌者需要押注红包的尾数大小、单双等。

类型五：一元夺宝等抽奖游戏

在互联网浪潮的驱动下，一些更加古老的赌博也披上了互联网的外衣从而游走在灰色地带。如"一元购"的抽奖游戏。"一元购"系列简单概括就是"一块钱夺大奖"的抽奖游戏，网站会提供一些价值较高的商品甚至直接提供可以变现的充值卡。用户用1元钱购买一个夺宝号码，或者购买多个号码来增大中奖机会。等到所有号码售出后，平台开始用自己事先制订的规则开始摇奖，持有中奖号码的用户获得商品。

由此可见，网络赌博的"外衣"不止一件，而是随着互联网技术的发展与日俱新，让我们眼花缭乱，防不胜防。其实，一款网络游戏要被定义为赌博，可以从三个因素来加以判断：1. 游戏币可以反向兑换人民币；2. 运营者固定比例抽水；3. 下注总额和次数不封顶。如我们比较了解的"欢乐斗地主"、"疯狂跑车"等，下注的金额没有上限，每进行一场游戏，运营方会有固定抽水。

除了要学会识别网络赌博的伪装技巧外，我们还要树立正确的金钱观，坚决抵制网络赌博。

1. 金钱有用，但非万能

"金钱不是万能的，没有金钱是万万不能的"，这句话一方面道出了金钱的局限性，另一方面也揭示了金钱的重要作用。金钱的有用性在于它能交换到我们需要的产品和服务，我们的吃穿住行用都是建立在"有钱"的基础上的。但是，我们同时也要知道，这世界上还有很多金钱不能买到的东西，如：健康、青春、时间等。

2. 君子爱财，取之有道

沉迷于赌博的人总是抱着不劳而获的思想，渴望凭运气成为富豪，但天上是不会掉钱的，如果你一定要说有金钱树，那它吸取的养分也绝对是我们的诚实劳动。

网络赌博的欺骗性极强，需要我们擦亮双眼，透过各种"外衣"看清它的本质，更需要我们摒除"不劳而获"的金钱观念，不受它的蛊惑。

大伽语录

1.将人生投于赌博的赌徒，当他们胆敢妄为的时候，对自己的力量有充分的自信，并且认为大胆的冒险是唯一的形式。

——奥地利作家 茨威格

2.正是劳动本身构成了你追求的幸福的主要因素，任何不是靠辛勤努力而获得的享受，很快就会变得枯燥无聊，索然无味。

——英国哲学家 休谟

后　记

在电脑和智能手机普及的当下，千禧年后的一代青少年可以说是真正意义上的"网络原住民"，绝大多数青少年的成长已经日渐数字化了。一方面，这一趋势体现了科技的进步和青少年群体对新事物良好的接受能力；而另一方面，部分青少年因缺乏对网络信息的甄别和批判等能力，在鱼龙混杂的网络空间中遭到各种冲击，身心健康受到了严重损害。为引导青少年健康、合理地使用互联网，我们编写了此书。

本书由重庆工商大学马克思主义学院院长王仕勇教授指导，重庆城市管理职业学院的张成琳、重庆市潼南区区委宣传部的余欢，以及重庆交通大学的马宪刚共同编写。全书围绕"互联网素养"这一主题展开，共分七章。具体撰写工作分配如下："写给青少年的一封信"，第一章，第四章第二、四节，第六章第一节，第七章及后记，由张成琳完成；第四章第一、三节，第五章，第六章第二、三、四节，由余欢完成；第二章及第三章由马宪刚完成。王仕勇教授负责把握全书的写作方向和框架指导，张成琳负责框架安排、统稿和修改工作。西南师范大学出版社高等教育分社的郑持军社长、雷刚编辑也对本书的撰写及修改提出了诸多宝贵意见。

本书写作过程较长，书中所提供的小故事皆为写作者所编撰，部分涉及技术操作的板块参考了相关书籍及网络资料，一些术语的解释引用了专家、学者的观点。在此，我们对上述文献资料的作者和机构表示诚挚的感谢。

青少年互联网素养的培养任重道远，本书仅仅是从某些角度加以引导，也希望学校和家长能加以重视。由于写作者经验和能力不足，本书还存在一些不足之处，敬请各位读者批评指正！

编者于重庆工商大学

2019年5月